企業主導型保育所の経営・労務管理ハンドブック

社会保険労務士
高橋

日本法令

はじめに

1 待機児童問題

　我が国では現在、共働き家庭の増加や家庭環境の多様化など、社会構造の大きな変化によって、特に都市部において、「働きたいのに子どもを保育所に預けられない家庭」、いわゆる「待機児童問題」の解消が喫緊の課題として挙げられています。

　2020年9月に厚生労働省が発出した「保育所等関連状況取りまとめ（令和2年4月1日）」によると、令和2年4月1日時点で待機児童数の全国合計は「12,439人」であり、待機児童数100人以上の市区町村は「22」に上ります。

　近年では待機児童数は保育所等の整備によって減少傾向にはありますが、この待機児童数には「認可外保育所に入所して認可保育所の入所を待っている児童」や「保護者が求職活動中の児童」などは除外さ

[○年齢区分別の利用児童数・待機児童数]

	利用児童数		待機児童数	
低年齢児（0〜2歳）	1,109,650人	(40.5%)	10,830人	(87.1%)
うち0歳児	151,362人	(5.5%)	1,227人	(9.9%)
うち1，2歳児	958,288人	(35.0%)	9,603人	(77.2%)
3歳以上児	1,627,709人	(59.5%)	1,609人	(12.9%)
全年齢児計	2,737,359人	(100.0%)	12,439人	(100.0%)

(注) 利用児童数は、全体（幼稚園型認定こども園等、地域型保育事業等を含む）。

れているため、実際の待機児童数はこの10倍ともいわれており、まだまだ予断を許さない状況です。

2　認可保育所と認可外保育所

　待機児童問題の解消のためには地域の保育所を増設することが必要となります。

　保育所には大きく分けて3つの形態があり、①「認可保育所」、②「認証保育所（東京都等の一部自治体のみ）」、③「認可外保育所」に分かれています。このうち公費から保育料の助成が出るのは「認可保育所」と「認証保育所」のみで、「認可外保育所」は保護者から支払われる保育料のみで経営を行っています。

　「認可保育所」にはさらに「公設公営（自治体が設置して自治体が経営を行う）」、「公設民営（自治体が設置して民間企業等が経営を行う）」、「民設民営（企業等が設置して企業等が経営を行う）」の3つの経営形態があります。このうち「公設」の認可保育所についてはどの市区町村も予算等の関係からおいそれと公設公営、公設民営の認可保育所を開設することは難しいため、認可保育所の大半は「民設民営」となっています。しかし、民設民営の認可保育所での開設には保育所の経営実績や市区町村（または都道府県）との長期にわたる折衝と協議が必要であり、その数は思うように伸びていないのが現状です。

　保育所の形態の中でもっとも始めやすいのは「認可外保育所」ですが、前述のとおり公費からの補助がないため、保育料が比較的高額となりやすく（逆にそれを差別化のための武器として特別教育や保育サービスを実施している施設もありますが）、また、収益の確保に苦戦しています。

3　企業主導型保育所とは

　こうした保育所をとりまく問題を解決するための施策として内閣府が2016年に開始したのが、「企業主導型保育事業」という制度です。企業主導型保育事業は「企業が自社（およびその連携企業）で勤務している従業員の子どもを預かる」ための保育所として開設することができる制度であり、文字どおり企業が主導で開設を行うという点が従来の「地域主導」の保育所とは大きく異なります。

　企業主導型保育事業の制度が施行される以前にも「企業内保育所」という制度はありましたが、保育所の人件費や設備費として支出した経費の「一部」が補填されるのみであり、助成は限定的でした。これに対し、企業主導型保育所では認可保育所に近い基準（人員基準・設備基準等）を満たしていることが求められる代わりに、認可保育所と同様に「運営費（児童1人につき）」が企業に支給されることとなります。さらに市区町村ではなく内閣府（公益財団法人児童育成協会）が保育費の助成決定を行うため、認可保育所と比較して申請や助成決定までの期間も短く、また制度発足当初は審査もそれほど厳しくはありませんでした。

　この企業主導型保育事業の助成決定を受けた保育所が一般的に「企業主導型保育所」と呼ばれるものであり、参入障壁の低さや手厚い助成制度から、多くの企業がこぞって参入を行いました。

4　企業主導型保育所の抱える課題と今後の展望

　企業主導型保育所は2016年の制度発足当初から急速に増加し、2020年3月時点では3,768施設、児童の定員数は合計で86,695人にも上っています（公益財団法人児童育成協会ホームページ参照）。しかし、あまりに急速に増加してしまったために制度の整備や審査といった「質」

の部分が追いつかず、現在において様々な課題が浮き彫りになっています。整備費等の水増し請求や助成金受給後すぐの閉園などといった助成金目的の企業の不正行為、児童の定員数に対し60％程度に留まっている定員充足率、基準を遵守していない保育所への指導の徹底など、解決しなければならない課題は非常に多く存在しています。

　上記のような企業主導型保育所を取り巻く様々な課題や問題点が浮き彫りになったことで、「企業主導型保育事業の制度は廃止し、認可保育所の整備を進めるべきなのではないか」との声も少なからず上っています。しかし、前述のように認可保育所のみで待機児童をまかなうことは物理的にも財政的にも困難であることから、筆者の考えとしては「企業主導型保育所を廃止する」のではなく、「企業主導型保育所のシステムを変える」ことこそが必要になってきている時期なのではないかと考えています。

　それには、政府側が企業主導型保育事業の制度や指導体制を整備していくことも重要ですが、民間側、つまり企業主導型保育所の経営者や、そこで働く従業員1人ひとりが保育の質を高め、法令を遵守することも極めて重要です。

5　本書の目的

　筆者は埼玉県川口市の東領家という地域で「小規模保育所B型」と「企業主導型保育所」の2つの園を経営しています。小規模保育所のほうは川口市が非常に丁寧に指導や序言をしてくださり、さらに対面での相談もしばしば乗っていただけるので、右も左もわからない開園当初は非常に心強く、逐次担当の方に確認しながら運営を進めていくことができました。しかし、企業主導型保育所のほうはまだ制度ができて間もないこともあり、参考になる書籍がまったくといってよいほどなく、また頻繁に児童育成協会に相談することもできなかったため、文字どおりすべてを暗中模索で進めなければならない状態でした。

　本書はこのような経験から、「企業主導型保育所」をこれから開始しようとしている方々、そして既に運営をしている方々にとって少しでもお役に立てるような参考書のようなものがあれば……という思いで執筆しました。

　具体的には、まず第1章で、導入として現在における保育を取り巻く政策、そして企業主導型保育事業の制度が創設されるまでの経緯と課題を解説します。

　次いで第2章では企業主導型保育所を経営するにあたって理解しておく必要のある収入構造（地域ごと、年齢別の保育料など）と取得可能な加算の解説、そして企業主導型保育所をはじめとした「保育所」が受給しやすい助成金の要件や取得の方法を解説していきます。

　第3章では、企業主導型保育所のみならずすべての保育所が抱える問題である「保育人材」について、労務管理と採用のポイント等を筆者自身の経験も交えて解説します。

　第4章、第5章では「企業主導型保育所の経営」として、企業主導型保育所を経営するために必要なポイントを、筆者の経営する保育所の紹介も交えながら解説してまいります。

　巻末資料として保護者の方や連携企業と交わす契約書や重要事項説明書、保育士等と交わす雇用契約書、そして保育所で使える就業規則等の様式集も掲載しており、筆者の社会保険労務士としての知識、そして保育所の経営者として積み重ねてきた経験をあますことなく本書に載せております。

　本書が企業主導型保育所に関係する皆様の一助となれば幸いです。

令和3年9月　高橋　悠

Contents

第1章 現代における保育の施策と企業主導型保育事業

第2章 企業主導型保育所の基準と収入構造

第3章　企業主導型保育所の労務管理

第4章　企業主導型保育所の経営

第5章　企業主導型保育所「にじの園」の紹介

巻末付録

おわりに

[第1章]

現代における保育の施策と企業主導型保育事業

本章では、現在の保育を取り巻く政策、そして企業主導型保育事業の制度が創設されるまでの経緯と課題を解説します。

第1節　現代における保育の施策

　「保育」という言葉の歴史は古く、200年前のヨーロッパにおいて誕生したと言われています。産業革命による「婦人労働」の発生によって育児困難が起こり、それにより放り出された子どもたちのためにロバート・オーエン（Robert Owen, 1771-1858）やフリードリヒ・フレーベル（Friedrich Fröbel, 1782-1852）らによって社会的保育施設が設立され、婦人の就業保障と児童保護の両面を持つ画期的かつ身近な施設として各国に広まっていきました。

　日本では昔から「家庭（主に母親）」や「地域住民」が子育てを行っていましたが、女性の解放運動、戦争、そして高度経済成長といった社会情勢の変化の中、核家族化、地域との関係の希薄化、女性の社会進出の増加により家庭における子育ての担い手が減少してきたことで、文部科学省・厚生労働省を中心に「保育」の必要性を訴える声が高まり、多くの政策や保育実践が行われることになりました。

　近年での代表的な政策としては、幼稚園と保育所の機能、つまり「教育」と「保育」を一体的に行う「認定こども園」による幼保一元化、3歳以上の児童の幼稚園・認可保育所・認定こども園における保護者の保育料を原則として無料（認可外保育所については保育料の一部のみ補助）とする「保育無償化」、少子化、待機児童などの問題に対応するために行われた小規模保育所の創設をはじめとした「子ども・子育て支援新制度」の施行、そして「企業主導型保育事業」の開始が挙げられます。

第2節　現代の保育について

1　認定こども園の誕生

　保育が現代に移行するにつれ、「保育所」と「幼稚園」を一元化すべきであるという議論が活発になってきました。どちらも「子どもを預かる」という面では共通していますが、保育所は社会福祉施設であるため「保育を必要とする」家庭の子どものみが通えるものである一方、幼稚園は「学校」という類型に属するために教育としての要素を有し、また保育の必要性がなくとも利用することができるということから、制度においては大きな違いがあります。

　保護者の状況で子どもの通う施設を分けるのは好ましいとはいえないという考えは以前からあり、幼稚園と保育所を一元化すべきであるという意見も存在していました。この考えによって、早い時期から幼保一元化を進めた自治体も存在したようですが、一部における動きに留まるのみでした。

　ところが、現代になり、従来とは違った視点から幼保一元化の議論が急速に進み、各地で幼稚園と保育所が一体化した総合施設が創られるようになりました。その理由としては、「少子化」「自治体の財政状況の悪化」「幼稚園の保育所化」の3つが主な要因となっています。

(1)　少子化

　少子化により子どもが激減した地方では、幼稚園と保育所を別々に設けると、絶対数が少ないために望ましい子ども集団を確保すること

が難しいということがあります。

(2)　自治体の財政状況の悪化

　自治体の財政状況の悪化により、幼稚園と保育所を別々に設けるよりも一体化することで、施設維持費などの経費節約になるということがあります。

(3)　幼稚園の保育所化

　働く女性の増加とともに、「預かり保育」を実施する幼稚園が増加することとなり、これによって幼稚園における実質的な「保育所化」が進んだことがあります。

　なお、上記(3)の「預かり保育」とは、通常4時間を基準とする幼稚園の教育時間のほか、別途保護者の希望に応じて教育時間の前後や土曜・日曜・長期休業期間中に教育活動を行う、というものです。特別な活動をせず子どもたちが自由に遊ぶ「自由遊び中心」型もあれば、絵画・英語・音楽・体操などの複数の活動を設定し、子ども（または保護者）がその活動を選択する「習い事・おけいこ事」型、サッカーなどの不定期な活動を行う「イベント」型など、様々な形態があります。

　このような背景の下、2006年10月1日に「就学前の子どもに関する教育、保育等の総合的な提供の推進に関する法律（いわゆる「認定子ども園法」）」が施行され、「認定こども園」という幼稚園と保育所を一体化した総合施設が各地で見られるようになりました。

　この幼保総合施設には、従来の幼稚園に長時間児の受入れ体制を敷いた「幼稚園型」、従来の保育所に短時間児の受入れ体制を敷いた「保育所型」、幼稚園児を短時間児、保育園児を長時間児、といったよ

うに分類せず、共通の保育時間を設定するなどして幼稚園的機能と保育所的機能をあわせ持つ「幼保連携型」、そして幼稚園でも保育所でもない地域の教育・保育施設が地方の裁量によって認定こども園として必要な機能を果たす「地方裁量型」の4つの類型があります。

この認定こども園には、幼稚園と保育所の双方の機能を備えているため、保護者の要望にも柔軟に対応できるという大きなメリットがあります。しかし反面、デメリットも多く、例えば制度上では幼稚園児と保育園児が別に区別されてしまうため、財源も別で、さらに書類の作成や会計書類の保管等を別々に行わなければならないなど、事務が非常に煩雑であること、また原則として「直接契約（保護者からの申込みに基づいて入所者を園が決定する形式）」であるため、（自治体からの指導はあるものの）本当に園に入らなければいけない子どもが入園できない可能性があることなど、当初から課題も多々存在していました。

認定こども園については、以下で解説する改正によって制度上においてはかなり見直しがされたものの、「幼保一元化」という考えの実現にはまだまだ課題が多く、地域や家庭の状況を踏まえたうえで、単に「幼稚園と保育所を合体させたもの」として機能していくのか、または双方の強みを統合して「幼児期の保育をより充実・発展させるもの」として機能していくのか、その方向性や位置付けが今後どうなっていくのかが、近年においても大きなポイントとなってくるかと思われます。

2　子ども・子育て支援新制度の施行

※　以下、独立行政法人福祉医療機構が運営する福祉・保健・医療の総合情報サイト「WAM NET」（https://www.wam.go.jp/content/wamnet/pcpub/top/appContents/wamnet_jidou_explain.html）を参考に執筆しています。

「少子化」「子育て家庭の孤立化」「待機児童」などの問題に対応するため、国や地域をあげて子どもや子育て家庭を支援する新しい環境を整えることが求められていましたが、こうした流れを受けて、2012 年 8 月 10 日に参議院で「子ども・子育て関連 3 法（こども・子育て支援法、認定こども園法の一部改正法、子ども・子育て支援法及び認定こども園法の一部改正法の施行に伴う関係法律の整備等に関する法律）」が可決・成立し、2015 年 4 月には、これに基づく制度である「子ども・子育て支援新制度」が施行されました。

　この「子ども・子育て支援新制度」では、認定こども園・幼稚園・保育所を通じた共通の給付、小規模保育等への給付の創設、認定こども園制度の改善、地域の実情に応じた子ども・子育て支援の充実等が行われることとなりました。

(1)　子ども・子育て支援新制度の開始

　子ども・子育て支援制度については、2010 年 1 月に内閣府に「子ども・子育て新システム検討会議」が設置され、その下の 3 つの作業グループで制度の内容等に関する検討が進められてきました。2012 年 3 月には「子ども・子育て新システムに関する基本制度」等の決定に基づき、政府が社会保障・税一体改革関連法案として「子ども・子育て支援法案」「総合こども園法案」「子ども・子育て支援法及び総合こども園法の施行に伴う関係法律の整備等に関する法律案」の 3 法案を、税制抜本改革関連法案等とともに通常国会に提出しました。

　その後、議員修正により「総合こども園法案」が廃案となって「認定こども園法の一部を改正する法律案」が提案されたうえ、他 2 法案も修正され、子ども・子育て関連 3 法（子ども・子育て支援法、認定こども園法の一部改正法、子ども・子育て支援法および認定こども園法の一部改正法の施行に伴う関係法律の整備等に関する法律）として 2012 年 8 月に参議院で可決・成立された運びとなっています。

　子ども・子育て支援新制度では、「認定こども園、幼稚園、保育所を通じた共通の給付（「施設型給付」）および小規模保育等への給付（「地域型保育給付」）の創設」「認定こども園制度の改善（幼保連携型認定こども園の改善等）」「地域の実情に応じた子ども・子育て支援（利用者支援、地域子育て支援拠点、放課後児童クラブなどの「地域子ども・子育て支援事業」）の充実」の3点が主なポイントとなっています。

[○子ども・子育て関連3法（2012年8月成立）の趣旨と主なポイント]

◆**3法の趣旨**

自公民3党合意を踏まえ、保護者が子育てについての第一義的責任を有するという基本的認識の下に、幼児期の学校教育・保育、地域の子ども・子育て支援を総合的に推進

◆**主なポイント**

○認定こども園、幼稚園、保育所を通じた共通の給付（「施設型給付」）
　及び小規模保育等への給付（「地域型保育給付」）の創設
　※地域型保育給付は、都市部における待機児童解消とともに、子どもの数が減少傾
　　向にある地域における保育機能の確保に対応

○認定こども園制度の改善（幼保連携型認定こども園の改善等）
　・幼保連携型認定こども園について、認可・指導監督の一本化、学校及び児童福祉
　　施設としての法的位置づけ
　・既存の幼稚園及び保育所からの移行は義務づけず、政策的に促進
　・幼保連携型認定こども園の設置主体は、国、自治体、学校法人、社会福祉法人のみ
　・認定こども園の財政措置を「施設型給付」に一本化

○地域の実情に応じた子ども・子育て支援（利用者支援、地域子育て支援拠点、
　放課後児童クラブなどの「地域子ども・子育て支援事業」）の充実

出典：内閣府資料

ア．認定こども園、幼稚園、保育所を通じた共通の給付（「施設型給付」）および小規模保育等への給付（「地域型保育給付」）の創設

　これまでの自治体からの財政支援については、保育所には「保育所

運営費」が、幼稚園には「私学助成等」が、認定こども園には、これら2つに加えて「安心子ども基金」が給付されており、施設や事業ごとに財政支援の仕組みがバラバラでした。

　子ども・子育て支援新制度では、こうした財政状態を再編し、すべての施設類型に共通の給付である「施設型給付」を創設して財政支援を一本化しました（ただし私立保育所については従来どおり市町村から保育所に委託費が支払われます）。

　また、新たな給付として「地域型保育給付」というものを創設し、家庭的保育事業（定員5人以下）、小規模保育事業（定員6人以上19人以下）、居宅訪問型保育事業（子どもの居宅において保育を行う）、事業所内保育（従業員の子どものほか地域の子どもの保育を行う）の4つの事業について財政支援の対象としました。

　特に小規模保育事業については、それまで認可保育所相当の基準を

[○地域型保育事業の概要]

小規模保育事業

事業主体	市町村、民間事業者等
保育実施場所等	保育者の居宅、その他の場所、施設
認可定員	6～19人

家庭的保育事業

事業主体	市町村、民間事業者等
保育実施場所等	保育者の居宅、その他の場所、施設
認可定員	1～5人

事業所内保育事業

| 事業主体 | 事業主等 |
| 保育実施場所等 | 事業所の従業員の子ども＋地域の保育を必要とする子ども（地域枠） |

居宅訪問型保育事業

| 事業主体 | 市町村、民間事業者等 |
| 保育実施場所等 | 保育を必要とする子どもの居宅 |

満たしているにもかかわらず、利用定員が19人以下であることによって認可を受けることができなかった多くの認可外保育所が新たに認可を受けられることとなり、また待機児童の最も多い年齢層である「0〜2歳児」を対象としていることから需要も高く、毎年その数を増やしています。

イ．認定こども園制度の改善（幼保連携型認定こども園の改善等）

　子ども・子育て支援新制度では、認定こども園制度の改善も行われました。2006年度当初の認定こども園制度は、就学前の子どもに対する教育・保育、保護者に対する子育て支援を総合的に提供する仕組みとして、保護者の就労状況によらずに利用できること等が評価を得ていましたが、前述のように幼保連携型、幼稚園型、保育所型、地方裁量型の4類型に分かれているためそれぞれの類型で認可を受ける必要があり、特に幼保連携型において「幼稚園部分」と「保育所部分」のそれぞれで認可を受けなければ運営できないことが問題となっていました。

　この課題を解決するため、幼保連携型認定こども園を、「学校および児童福祉施設」としての法的位置づけをもつ単一の施設に改め、認可・指導監督が一本化されることとなりました。また、財政支援についてもほぼ一本化され、幼保連携型以外の幼稚園型、保育所型、地方裁量型も含めた4類型すべてが「施設型給付」の対象となりました。

ウ．地域の実情に応じた子ども・子育て支援（利用者支援、地域子育て支援拠点、放課後児童クラブなどの「地域子ども・子育て支援事業」）の充実

　子ども・子育て支援新制度では、保育が必要な子どものいる家庭だけではなく、すべての家庭を対象に、地域のニーズに応じた多様な子育て支援の充実が図られるよう措置が講じられました。保護者が地域の教育・保育、子育て支援事業等を円滑に利用できるよう情報提供・

助言等を行う利用者支援や、子育ての相談や親子同士の交流ができる地域子育て支援拠点、一時預かり、放課後児童クラブなど、市町村が行う事業は「地域子ども・子育て支援事業」として法律上に位置づけ、財政支援を強化して、その拡充を図ることとされました。

[○地域子ども・子育て支援事業について]

地域子ども・子育て支援事業について

• 市町村は、子ども・子育て家庭等を対象とする事業として、市町村子ども・子育て支援事業計画に従って、以下の事業を実施する。（子ども・子育て支援法第59条）
• 国又都道府県は同法に基づき、事業を実施するために必要な費用に充てるため、交付金を交付することができる。

【対象事業】
①利用者支援事業
②地域子育て支援拠点事業
③妊婦健康診査
④乳児家庭全戸訪問事業
⑤養育支援訪問事業、子どもを守る地域ネットワーク機能強化事業（その他要保護児童等の支援に資する事業）
⑥子育て短期支援事業
⑦ファミリー・サポート・センター事業（子育て援助活動支援事業）
⑧一時預かり事業
⑨延長保育事業
⑩病児保育事業
⑪放課後児童クラブ（放課後児童健全育成事業）
⑫実費徴収に係る補足給付を行う事業
⑬多様な主体が本制度に参入することを促進するための事業

出典：内閣府資料

3　企業主導型保育事業

(1)　企業主導型保育事業の創設

　待機児童の解消のためには、地域の保育所の整備等ももちろん重要ですが、子どもを預ける保護者が働く企業には土日・祝日営業がある企業、夜勤がある企業、逆に早朝からの勤務がある企業など、実に多様な就業形態があります。しかし、認可外保育所はともかくとして、認可保育所の保育時間はおおむね早くて7：00頃から夜は遅くて19：00頃までとなっており、さらに日曜・祝日は保育を実施していないという関係上、こうした企業で働く保護者の希望する日や時間帯に必ずしも保育が実施できるわけではありません。

　そのために必要となってくるのが、「自社等の職員の子どもを預かるために企業が開設する保育所」、つまり「企業内保育所」の整備となります。企業内保育所はほとんどの場合、自社の就業日や就業時間を考慮して開設され、さらに通勤・退勤時にすぐに子どもを受け渡しすることが可能なため、その企業で働く保護者にとって非常に利便性の高い保育所となります。

　子ども・子育て支援新制度においても、「企業内保育所」への財政援助は行われていますが、認可保育所と比較すると、運営経費（家賃や人件費）の全部または一部のみが補助されるにとどまるため、それまであまり数が増えていない状況がありました。そこで、この事業所内保育所の整備を目的とし、企業内保育所についても「認可保育所並みの補助を受けることができる制度」として創設されたのが、「企業主導型保育事業」という制度です。

　企業主導型保育事業の創設の目的について、当時の内閣府は「平成29年度末までに最大5万人程度の保育の受け皿を新規に確保することを目的として実施するものである」「一億総活躍社会の実現を目指し、女性の就労が拡大する傾向が見込まれる中、保育の受け皿のさら

なる拡大というものが急務となっており、夜間、休日勤務のほか、短時間勤務の非正規社員など、多様な働き方に対応した仕事と子育ての両立に対する支援が求められている」と答弁しています。

「企業主導型保育事業」の特徴は下記のとおりです。

ア．自治体との協議が必要ないこと

従来、保育施設といえば自治体等が設置する公設公営の保育所と、民間が設置して自治体の認可を受けた公設民営の保育所の2つが代表的なものでした。これらはいずれも制度として長い歴史を持ち、乳幼児保育に関する豊富な実績を有していますが、公設公営の保育所については自治体に財政的な余裕がなければなかなか設置が進まず、公設民営の保育所については、自治体との粘り強い協議と厳しい認可基準をクリアしなければ事業が行うことができず、待機児童が増加する昨今において保育需要の増加に迅速な対応がとりづらい、という課題を抱えていました。

しかし、企業主導型保育事業によって設置される施設は、制度上の位置づけとしては認可外保育施設になり、自治体ではなく内閣府（公益財団法人児童育成協会）の「助成決定」を受けて運営するという形態をとっており、認可が必要ない分審査に時間がかからず、かつ（当時は）要件さえ満たすことができれば誰でも開設が可能であったため、開設のハードルが認可保育所に比べて非常に低く、保育需要に応じた開設が可能となっています。

イ．認可保育所並みの助成を受けられること

認可外保育所の場合、認可保育所であれば受けることのできる公的な助成金を受けることができず、保護者から徴収する保育料によって経営を行うしかありません。そのため、どうしても認可保育所に比べて保育料が高額になりがちです。

しかし、企業主導型保育事業においては、認可外保育施設でありな

がら「設備費」や「運営費」等に対する国の助成が受けられるように
なっており、これによって認可保育所とほぼ同水準の保育料で利用す
ることが可能になっています。

ウ．認可保育所ではカバーできない保育ニーズに対応できること

　企業主導型保育事業は、公立保育所や認可保育所ではカバーしきれ
ない保育ニーズに対応することが可能です。公立保育所や認可保育所
の場合、祝祭日や夜間に子どもを預けられる施設の数は限られていま
すが、企業主導型保育事業であれば保育時間等を比較的自由に設定で
きるため、多様な働き方に合わせた保育スケジュールを組むことが可
能となっています。

エ．直接契約であること

　認可保育所においては、保護者は保育所ではなく、まず自治体の窓
口に利用申込みをすることとなります。しかし、その地域に待機児童
が多い場合には（申し込んだ順ではなく）所定の基準により保育が必
要な家庭から優先的に入所できる仕組みとなっているため、保育の必
要度が高くないと判断された家庭においては「利用調整」として希望
どおりの保育所に入所できなかったり、「入所保留」となったりする
ケースもしばしばあります。しかし企業主導型保育事業の場合、当該
設置企業が利用申込みの窓口となりますので、認可保育所では利用が
難しかった家庭にも利用の機会が広がることとなります。
　また、設置企業やその連携企業の従業員のみならず、「地域枠」と
して当該企業とは直接関係のない地域住民の子どもを受け入れること
も可能であり、さらには企業の属する市区町村（都道府県）以外から
の受入れを行うことも可能となっています。

⑵ 企業主導型保育事業の沿革

ア．2015年度から2016年度

○　2015年11月、政府の「一億総活躍社会の実現に向けて緊急に実施すべき対策」の中で、「待機児童解消加速化プラン」による2013年度～2017年度末までの保育整備拡大量が40万人から50万人に拡大され、その実現に向けた対策の1つとして企業主導型保育事業の創設が検討された。

○　2016年3月、子ども・子育て支援法が改正され、2016年度から企業からの拠出金率の法定上限を引上げ（0.15％→0.25％へ）、拠出金の使途に企業主導型保育事業を追加したうえでスタート。整備

[○施設設置のイメージ]

企業指導型保育事業では、企業ニーズに応じ、以下のような形態で保育施設を設置することが可能です。

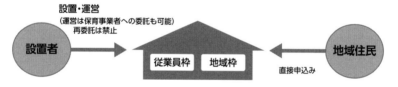

設置・運営
（運営は保育事業者への委託も可能）
再委託は禁止

設置者　→　従業員枠　地域枠　←　地域住民

直接申込み

【単独設置・単独利用】	【単独設置・共同利用】
・設置者：A社 ・利用者： 　従業員枠　　A社の従業員 　地域枠　　　任意で全定員の50％以内^{※2}	・設置者：A社 　※A社がB社と利用契約を締結 ・利用者： 　従業員枠　　A社の従業員 　　　　　　　B社の従業員 　地域枠　　　任意で全定員の50％以内
【共同設置・共同利用】	【保育事業者設置型】
・設置者：A社・B社の共同設置 ・利用者： 　従業員枠　　A社の従業員 　　　　　　　B社の従業員 　地域枠　　　任意で全定員の50％以内^{※2}	・設置者：C社（保育事業者） 　※C社がA社、B社と利用契約を締結 ・利用者： 　従業員枠　　C社の従業員 　　　　　　　A社の従業員 　　　　　　　B社の従業員 　地域枠　　　任意で全定員の50％以内

量の目標は、上記「待機児童解消加速化プラン」による 50 万人の保育の整備拡大目標のうち約 5 万人分とされた。

○　企業主導型保育事業の実施にあたっては、下記の類型が設けられた

- 単独または複数の企業が保育施設を設置して自らの従業員のために保育サービスを提供する形態（単独設置型、共同設置型）
- 企業が自らの従業員のために設置した保育施設の利用定員の一部について、他の企業と契約して当該企業の従業員に保育を提供する形態（共同利用型）
- 保育専門の事業者が保育施設の設置主体として責任を果たしつつ、利用者を雇用する企業は、設置主体とならない形態（保育事業者設置型）

○　施設利用者の定員については、「設置企業およびその連携企業の従業員の児童に係る定員（企業枠）」と、「企業枠以外の児童に係る定員（地域枠）」の区分が設けられた。

○　各施設への施設整備費や運営費の助成業務、新設申請に係る相談業務、指導監査業務、従事者向け研修業務等に関して、2016 年 4 月、実務を担う実施機関が公募され、その結果、児童育成協会が選定された。

イ．2017 年度

○　保育の質や安全性を確保していくため、実施機関において、開設して 6 カ月を経過した全施設に対し、年に 1 回立入調査を行うこととし、その結果を 2018 年 6 月から児童育成協会のホームページを通じて公表するものとした。

○　制度創設当初、企業主導型保育所は認可保育所と異なり、独立行政法人日本スポーツ振興センターの「災害共済給付制度」に加入できなかったが、2016 年度末に法改正がなされ、2017 年度から加入できることとなり、万一の事故にも対応できるようになった。

○　2017 年度末までに、2,597 施設、59,703 人（定員）の助成決定がされた。

その内訳は次のとおり。

- 設置企業規模別：大企業 45.7%、中小企業 54.3%
- 定員規模別：40人以上10.3%、20〜40人19.6%、
  　　　　　　　20人未満70.0%
- 設置形態別：単独設置型 45.5%、共同設置型・共同利用型39.5%、
  　　　　　　　保育事業者設置型 15.0%

ウ．2018年度

○　2018年3月、子ども・子育て支援法が改正され、2018年度から拠出金率の法定上限が再び引き上げられ（0.25％→0.45％。2018年度の拠出金率は0.29％）、「子育て安心プラン」による2018〜2020年度末までの32万人の保育の整備目標のうち6万人を企業主導型保育事業で整備する方針となった。

　その際、中小企業による設置を促進するため、中小企業が設置者となる場合の施設運営費の自己負担割合を軽減する措置などが講じられた。

エ　2019年度以降

以下で解説します。

(3)　企業主導型保育事業を取り巻く課題と制度の見直し

　企業主導型保育事業の普及は、企業の福利厚生の拡充、地域の保育需要への対応、自治体の負担軽減など、様々なメリットをもたらすものであると考えられ、内閣府は積極的な制度の推進と広報活動を行いました。

　また、参入のハードルが認可保育所に比べて低く、かつ認可保育所

と同等の助成を受けられるとあって、企業側もこぞって参入を行いました。

　しかし、定員の数値目標を掲げたために目標達成が優先となったのか、事業創設から3年目を迎え、助成決定企業の相次ぐ閉鎖や助成金の不正受給、定員の4割が埋まらない経営状態など、企業主導型保育所を取り巻く様々な課題が浮き彫りになってきました。

　2019年3月18日に公表された「企業主導型保育事業の円滑な実施に向けた検討委員会報告」では、「保育の質」「事業の継続性」「実施体制の確保」「自治体との連携」といった点で、次のような課題が指摘されています。

1．待機児童対策へ貢献すべく量的拡充に重きを置く一方、実施機関（児童育成協会）が行う事前の審査並びに開設後の指導監査等において、保育の質の視点が不足しているのではないか。

2．上記の結果、設置者の財務基盤が脆弱であったり、経営見通しが甘いままに開設された施設があり、入所児童の確保や保育士の確保が円滑に行われず、定員割れ、休止等につながったのではないか。

3．単独設置型や共同設置型と違い、保育事業者設置型は、施設の設置企業と利用者の間に雇用関係が無い。また、認可保育所の代替としての側面が強く、入所児童は空きが生じた付近の認可保育所へ移る傾向も見られること等から、実績の少ない事業者について、保育の質や事業継続性の面で課題があるのではないか。

4．自治体と実施機関の間の各施設の運営状況の情報共有、指導監査の連携等が不足しているのではないか。

5．事業規模が拡大する中で、実施機関による指導監査、各種相談の実施体制が十分に整っていないのではないか。

　以上のような課題を踏まえ、少子化対策担当大臣のもと、当該委員会において事業者、利用者、自治体、実務を担う実施機関等と意見交

換が行われ、早急に改善すべき今後の方向性についての対応策（提言）が下記のように取りまとめられました。

ア．基本的考え方

【事業の意義の再認識】
○ 制度創設時の「待機児童対策へ貢献」「企業の従業員の多様な働き方に対応」「企業の自主性に配慮」といった意義を再認識しつつ、これまでの３年間の運営状況を再点検するとともに、早急に諸課題へ対応する。

【保育の質の確保・向上の重視】
○ 子どもの安全第一の観点から、保育の質の確保・向上を重視し、審査、指導監査の在り方を検証し、見直す。

【事業の継続性・安定性の確保】
○ 待機児童対策への貢献や、企業の人材確保といった面で、職域および地域において継続的に一定の役割を果たしていけるよう、また子どもにとって安全で安定的な保育が可能となるよう、事業の継続性・安定性を確保する。

【透明性の確保】
○ 全国の事業主の負担する拠出金で財源が賄われていることに鑑み、透明性の高い事業運営に努めていく。立入調査結果、審査結果の情報開示、各施設の決算情報の公開等を進める。

【国と実施機関との適切な役割分担】
○ 国と実施機関が適切に役割分担する体制を整備し、国は審査や指導監査の基準策定をはじめ基本的ルール策定、特別な立入調査を行い、実施機関は、国の指示のもとで効率的かつ効果的な審査・指導監査等を担当する。

【自治体との適切な連携】
○ 国・実施機関と自治体との間で、情報を共有しつつ、審査・運営の円滑化や指導監査、相談などについての連携を進める。

イ．審査基準、運営基準の見直し

○　現在、実施機関において、施設の設置申請を受理し、外部の専門家による審査委員会の審査を経て助成の可否を決定し、その後、申請内容の精査など所要の手続きを経て助成の可否を確定しているが、審査委員会による審査体制や審査内容の充実を図るべきである。

○　本事業は、設置者である企業と利用者である労働者の間の安定的な雇用関係を基礎とした保育の提供が期待されるが、保育事業者設置型の施設の場合、そのような安定的関係は比較的薄くなりがちとの指摘がある。今後、保育事業者設置型として新規参入する場合は、自治体における認可保育所の事業者の選定例を参考に、一定の事業実績（5年以上）のある者に限るべきである。単独設置型・共同設置型・共同利用型の設置者が、今後、保育事業者へ委託する場合も同様とする（なお、設置企業の一部門としての保育事業実績があって分社化する場合などは新規参入と扱わない）。

○　保育事業者設置型については、保育事業を専門に行う事業者であることも踏まえ、定員20名以上の施設は保育士割合を75%以上（現在は50%以上）に引き上げるべきである。なお、本事業の既存施設には、3年程度の経過措置を設けることが適当である。

○　現在、原則として書面により設置の審査を行っているが、必要に応じてヒアリング、現地調査を行うなど、審査の精度の向上を図るべきである。また反社会的勢力の排除については、より効果的な対応方法を検討しつつ、引き続き徹底すべきである。

○　施設開設後の安定的な利用者の確保のため、企業枠については、今後、設置申請の審査時に、利用者の意向調査等のデータを求めることとし、特に保育事業者設置型については利用企業を確認するなど精度の高い見通しを求めるべきである。また地域枠については、地域の保育需要の確認などにより、引き続き自治体と相談するべきである。

○　審査業務の効率化と適正化を図るため、下記の措置を講じるべきである。

・審査を2段階とし、まずは申請事業者の財務面など適格性を審査し、次にこの適格性を満たす事業者について、施設の構造面、事業計画等を審査すべきである。

・市区町村からの情報提供に基づき、施設構造面に係る技術的審査や地域の保育需給状況といった客観情報について、引き続き審査に反映すべきである。市区町村からの情報は、事業者から確認するのみならず、必要に応じ、実施機関が直接市区町村から情報を得るべきである。

・継続的・安定的に運営されている事業者に対して、運営費助成金に係る事務手続の簡素化を検討すべきである。施設運営に係る評価指標として、利用者・従事者の満足度調査の実施も考えられる。

○　施設整備費について、新設の場合の助成額と既存の建築物の改修に係る助成額を明確に区分するなど、実勢に合わせるべきである。

○　本事業については、設置企業の本体事業と区分経理すべきとされているが、本体事業の経営の影響を受けざるを得ない。やむを得ず他に事業を譲渡したり、廃止しようとする場合の取扱いは、事業の安定性と保育の質の確保を図るため、新設時と同様、審査会に諮るなど厳格な審査手続を要件とすべきである。

ウ．指導監査の体制の見直し

○　指導監査の内容について、財務面、労務面を強化することとし、そのために、社会福祉法人や学校法人、株式会社、NPO など様々な法人種別に対応した専門人材の確保や監査の専門的なルールを作りつつ、充実を図るべきである。

○　開設後の指導監査を充実するため、全国に点在する施設に対する指導監査体制が構築されるよう、地域ブロック別または業務別（保育内容・財務・労務）の体制を整備するべきである。

○　指導監査業務の一部を外部に委託する場合は、中立性・専門性の確保が必要である。また、指導監査を行う者が施設の顧問を務める、資本関係がある等の一定の関係性を有する場合は、利益相反が生じないよう必要な措置を講じるべきである。

　　併せて、指導監査を行う者の専門性を向上するため、研修のあり方等を検討すべきである。

○　立入調査結果については公表した後、改善報告を求めてフォローアップしているが、その改善に向けた相談支援や改善状況の適切な確認の充実を図るべきである。また実施機関の度重なる指摘によっても改善が見られない場合等については、必要に応じて国が直接的に指導監査する体制とすべきである。

○　指導監査の効率化を図るため、国・実施機関と、児童福祉法に基づき指導監督の責任を持つ自治体の間の指導監査基準の整合性の確保、指導監査の合同実施、結果の情報共有をさらに図るほか、指導監査の研修を合同で実施したり、連携の好事例を横展開していくべきである。

エ．相談支援体制の見直し

○　実施機関において、新設申請に係る相談業務は実施してきたものの、開設後の保育業務、安全等についての相談支援は必ずしも十分な状況とはいえない。事業開始後も継続的に相談支援していくべきである。

○　各施設への巡回指導、共同設置型・共同利用型で定員に空きが生じた施設と保育ニーズのある企業とのマッチング支援など、実施機関、経済団体、自治体が連携している好事例も提供しながら、事業者支援の充実を図っていくべきである。

オ．情報公開の強化

○　これまで、保育事故の防止をはじめ質を確保する観点からの指導

監査に重点を置き、全施設を対象として年1回の立入調査を実施し、その結果を公開している。今後、事業の透明性を確保するとともに、事業の運営規律の徹底に資するよう、各施設の決算情報（本事業の助成金収入を含む）を公開していくべきである。

○　利用者の安定的な確保や事業運営の健全性を確保するため、各施設の定員充足状況等を公表するとともに、取消しや休止施設の情報も一覧で公表するべきである（なお、従業員が育児休業明けに職場復帰できるよう、設置する企業があえて定員に空きを設けている場合があることに留意が必要である）。

○　現在、新設時の審査の基準や着眼点を公表しているが、各審査結果の通知にあたっては不採択の理由が示されていない。今後、審査過程の透明化等を図る観点から、不採択となった事業者に理由を通知すべきである。

カ．自治体との連携の強化

○　2018年度より、地域枠は市町村子ども・子育て支援事業計画の供給量に含められるよう国の基本指針が改正されたところであり、設置者が地域枠を設定しようとする場合、自治体と相談のうえ、地域の保育需給状況を踏まえたものとなるようにすべきである。

○　施設の適切な運営や緊急時の円滑な対応に資するよう、各施設が自治体に対し、定員・利用者・従事者等の状況を定期報告する仕組みを検討するべきである。

○　企業主導型保育事業の円滑な運営に当たって、経済団体、自治体の福祉部局・経済部局、設置者、保護者等と意見交換の場を作ることが有用である。例えば、施設の休廃止時や万一の災害時に備えるため、国、実施機関、自治体等の役割を明確にしたマニュアルを整備すべきである。

○　実施機関と自治体が相互に連携しながら、必要に応じて指導監査、巡回指導、研修の整合性の確保や合同実施に努めるべきである。

○　実施機関、経済界、自治体が連携して相談体制が構築されるよう、国による支援を検討すべきである。

キ．実施体制の見直し

○　事業の効果的、安定的な運営を確保するため、国と実施機関は、適切な役割分担を図っていくべきである。

- 国は、審査や指導監査、情報公開基準等の基本ルールを設定、公表し、必要な場合には直接指導監査等を行う。
- 実施機関は、前述のような見直しと連携が可能となるよう、中立・専門的な体制とし、新設審査、概算払いによる助成金の円滑な支払い等の資金助成、指導監査等の実務を担当する。その際には、利益相反が生じないよう必要な措置を講じる。

○　実施機関は、高い中立性、専門性のほか、継続的に担うことが求められる。このため、毎年度、国は、外部評価等を行い、透明性の高い事業運営が行われるようにすべきである。それを前提に、実施機関において複数年の事業実施が可能となるようすべきである。

「企業主導型保育事業」見直し骨子案のポイント

- ●施設を新設する保育事業者に5年以上の実績を義務化。企業が設置し、運営を委託する場合も同様とする
- ●保育事業者設置型については、定員20人以上の施設は保育士の割合を現行の50％から75％に
- ●施設整備費の助成基準を適正化
- ●自治体などの指導監査業務の中立性、専門性確保。必要に応じ国が介入
- ●空き施設と需要がある企業とのマッチングを強化。施設ごとに定員充足率や休園情報などを公表
- ●制度運営を委託された児童育成協会は中立・専門的な体制を徹底
- ●国は審査や指導監査に関するルールを設定し、公表

上記に伴って、2020 年の 7 月 1 日より企業主導型保育事業助成要領等の改正が行われることとなりました。

その概要は下記のとおりです。

(4)　改正の概要

ア．違反事項に関する規定の追加

以下①〜④が助成要領に加わり、事業者へのより厳格な指導が行われることとなりました。

> ①　企業主導型保育の助成の取消し等を受けた実施事業者への措置が追加
> ②　実施機関による指導・勧告を受けても改善がみられない事業実施者への措置が追加
> ③　整備費の助成決定事業者において一定の期間経過後、合理的な理由がなく施設の運営を開始しない場合の措置が追加
> ④　企業主導型保育事業の助成に関する事業完了の報告書類を提出しない事業実施者への措置が追加

イ．助成申込の際の提出書類の追加

企業主導型保育事業の助成申込みにあたっての必要書類も大幅に増加されることとなりました。

> (1)助成申込の際の提出書類一覧
> ①　企業主導型保育事業（運営費等）所要額調書及び収支予算書
> ②　企業主導型保育事業（運営費等）算定額（見込）調書

③ 児童福祉法第59条の2第1項に基づき都道府県に届け出た書類（写）（以下「認可外保育施設届出書（写）」という。）（届出予定の場合は、届出後速やかに提出すること。）

④ 配置図（施設に隣接する建物、道路等を明記したもの）及び案内図（市町村の地図など敷地の場所が確認できるもの）

⑤ 保育施設の平面図（保育室、調理室、幼児用便所等、各部屋等別に室名及び対象児童数（保育室等に限る。）、用途、面積及び避難経路の記載並びに採光及び換気の計算式を記載したもの）及び立面図

⑥ 保育室の有効面積算定図・算定表

⑦ 実施要綱第3．4．(8)に定める賠償責任保険及び傷害保険等（原則として独立行政法人日本スポーツ振興センターが行っている災害共済給付制度と同等以上の給付水準のものに限る。）に加入していることを示す書類（ただし、独立行政法人日本スポーツ振興センター法（平成14年法律第162号）第15条第1項第7号に定める災害共済給付に当該年度に加入予定の場合を除く。なお、災害共済給付に当該年度に加入予定の場合には、加入契約を締結次第、提出するものとする。

⑧ 助成申込者の直近の法人税申告書

⑨ 助成申込者の最近3期の決算報告書（貸借対照表及び損益計算書含む一式）

⑩ 預貯金の残高証明書

⑪ 会社・法人の登記全部事項証明書（個人事業主の場合は開業届出書）

⑫ 社会保険料の未納がないことを証明する書類

⑬ 税金の未納がないことを証明する書類

⑭ 暴力団排除に関する誓約書兼照会同意書

⑮ その他協会が必要と認める書類

⑵新規に助成を受けようとする場合に上記以外に追加で必要となる
　添付書類
①　建築整備内容の法令・基準チェックシート
②　保育の質に関する調書
③　保育所保育指針における「全体的な計画（案）」
④　ガバナンス・コンプライアンスに関する調書
⑤　利用意向調査票
⑥　資金計画書
⑦　施設長（園長）（候補者）の履歴書
⑧　法人等の就業規則・非常勤就業規則
⑨　法人等の給与規程
⑩　時間外労働・休日労働に関する協定届（36協定届）
⑪　助成申込者の施設等の5年以上の運営実績を有していることを
　証明する書類（保育事業者型事業を実施する場合に限る。）
⑫　委託事業者の施設等の5年以上の運営実績を有していることを
　証明する書類（保育施設の運営を委託する場合に限る。）
⑬　入札を行うために建築士が合理的に積算した予定価格調書又は
　2社以上の見積書（2社以上の見積書を提出する場合、そのうち
　1社は公共工事の入札参加資格を有するものであることを証明す
　る書類を添付すること。）（改修支援加算を取得する場合に限る。）
⑭　施設を改修する敷地の登記簿謄本又は賃貸借契約書（地上権設
　定の確約書を含む。）の写し（改修支援加算を取得する場合に限る。）
⑮　既存建物の検査済証、確認済証、台帳記載事項証明書、既存建
　物が違法でないことを建築士が証明する書面のうちいずれか1つ
　（改修支援加算を取得する場合に限る。）
⑯　旧耐震基準で建てられた建物において企業主導型保育事業を行
　う際の報告書（昭和56年以前に確認済証が発行されている建物
　に増築する場合に限る。）

⑰　その他協会が必要と認める書類

ウ．助成金の交付に関する規定の追加

　月次報告による支弁、助成金受領のための専用口座の開設、助成金交付の差し止め条項の追加などが新たに規定されることとなりました。

　○助成金の交付に関して新たに規定されたもの
　①　「月次報告」よる支弁を明記
　②　助成金の受領の際に専用口座を設けることを追記
　③　助成金交付の差し止めに関する規定を追記

エ．整備に係る事業完了後の現地確認の追加

　施設整備助成において、従来は原則として実施されていませんでしたが、整備費助成を受ける場合には必ず完了後に現地確認が行われることとなりました（整備費の改正の内容については107ページ参照）。

4　保育無償化について

　現代における保育の施策の最後として、「幼児教育・保育無償化」について解説します。

　「幼児教育・保育無償化」とは、2017年12月に閣議決定された「新しい経済政策パッケージ」にて取り上げられた施策の1つで、人生100年時代を見据え、「人づくりこそが時代を切り開く原動力」として、政府が掲げた人づくり革命の主となる内容が幼児教育・保育の無償化です。

　以下、「新しい経済政策パッケージ」からの引用となります。

○背景

　20代や30代の若い世代が理想の子供数を持たない理由は、「子育てや教育にお金がかかりすぎるから」が最大の理由であり「1、教育費への支援を求める声が多い」「2、子育てと仕事の両立や、子育てや教育にかかる費用の負担が重い」ことが、子育て世代への大きな負担となり、我が国の少子化問題の一因ともなっている。このため、保育の受け皿拡大を図りつつ、幼児教育の無償化をはじめとする負担軽減措置を講じることは、重要な少子化対策の一つである。

　また、幼児期は能力開発、身体育成、人格の形成、情操と道徳心の涵養にとって極めて大切な時期であり、この時期における家族・保護者の果たす第一義的な役割とともに、幼児教育・保育の役割は重要である。幼児教育・保育は、知識、IQなどの認知能力だけではなく、根気強さ、注意深さ、意欲などの非認知能力の育成においても重要な役割を果たしている。加えて、人工知能などの技術革新が進み、新しい産業や雇用が生まれ、社会においてコミュニケーション能力や問題解決能力の重要性が高まっている中、こうした能力を身につけるためにも、幼児期の教育が特に重要であり、幼児教育・保育の質の向上も不可欠である。

　さらに、幼児教育が、将来の所得の向上や生活保護受給率の低下等

の効果をもたらすことを示す世界レベルの著名な研究結果もあり、諸外国においても、３歳〜５歳児の幼児教育について、所得制限を設けずに無償化が進められているところである。

○具体的内容

　子育て世帯を応援し、社会保障を全世代型へ抜本的に変えるため、幼児教育の無償化を一気に加速する。広く国民が利用している３歳から５歳までの全ての子ども達の幼稚園、保育所、認定こども園の費用を無償化する。なお、子ども・子育て支援新制度の対象とならない幼稚園については、公平性の観点から、同制度における利用者負担額を上限として無償化する。

　（中略）

　０歳〜２歳児が９割を占める待機児童について、３〜５歳児を含めその解消が当面の最優先課題である。待機児童を解消するため、「子育て安心プラン」を前倒しし、2020年度までに32万人分の保育の受け皿整備を着実に進め、一日も早く待機児童が解消されるよう、引き続き現状を的確に把握しつつ取組を進めていく。

　こうした取組と併せて、０歳〜２歳児についても、当面、住民税非課税世帯を対象として無償化を進めることとし、現在は、住民税非課税世帯の第２子以降が無償とされているところ、この範囲を全ての子どもに拡大する。

　上述のとおり、「幼児教育・保育無償化」の具体的内容としては、「幼稚園や保育所に通う３〜５歳の全ての子ども」と、「保育所に通う０〜２歳の住民税非課税世帯の子ども」についての利用料を無料にするというものです。この無償化の対象には企業主導型保育所に通う子どもも含まれます。

　当初の予定では2019年４月から無償化の一部を開始し、2020年４月から全面実施という段階的なスケジュールでした。しかし、2019

年10月に実施された消費税率引上げ（8％→10％）の影響を加味し、消費税率アップによって負荷がかかってしまう子育て世帯の暮らしに配慮し、増税負担を緩和することを目的に半年ほど前倒しされ、消費税引上げと同時期の2019年10月に施行となりました。

　幼児教育・保育無償化は実施されたばかりの制度であるため、影響はまだ未知数ですが、保護者の負担軽減や、今まで利用料負担の関係で保育を利用できなかった子育て世帯の利用増加が期待されています。しかし反面、さらに保育需要が増加することによる保育施設の不足と待機児童の増加、加えてその影響による保育士不足の加速や保育の質そのものの低下が危惧されており、これからの動向を慎重に見守っていく必要があります。

5　これからの保育について（海外の教育方法の導入）

　今まで日本においては、保育といえば「年齢ごとのクラス」に分かれ、「一斉」に保育を実施し、（言い方は悪いですが……）保育者側が子ども達をコントロールするような保育が一般的でした。しかし、近年では、海外で生まれた教育方法である「モンテッソーリ教育」「レッジョ・エミリア教育」「シュタイナー教育」といったものを保育内容に取り込む保育所も増加傾向にあります。これからの教育は従来の日本の保育とは真逆の発想であり、いずれも「子ども達の自主性、創造性を信じる」ことを出発点とし、「子どもは無力であり、成長には大人（教育者）の助けが必要」という考えではなく「子どもは自らの成長に必要なものを最初から理解し、有している」という考えを基礎としています。また、教師（保育者）はそれを助けるのみの存在であり、過度に子どもに干渉せず、必要なときにだけ最低限の援助をするに留まっているのも特徴です。

　とはいえ、上記のような新しい（といっても「日本において」とい

うだけで、その歴史はどれも古いのですが……）教育は、まだまだ日本において普及しているとはいえません。しかし、前述の「新しい経済政策パッケージ」の中にも記述がありましたが、「人工知能などの技術革新が進み、新しい産業や雇用が生まれ、社会においてコミュニケーション能力や問題解決能力の重要性が高まっている」昨今において、子ども達の自主性や創造性を育むための教育は、今後ますます重要になっていくものと見込まれます。

　筆者の経営する保育所においても上記の教育の１つである「モンテッソーリ教育」を取り入れており、その内容については第５章でご紹介していきます。

[第2章]

企業主導型保育所の
基準と収入構造

本章では、企業主導型保育所における「基準」と助成される保育料等の「収入構造」、そして所定の要件を満たすことで受給できる「加算」について解説していきます。

第1節 企業主導型保育所における事業類型

　解説の前提として、まずは企業主導型保育所の「事業類型」について説明をしていきます。

　企業主導型保育所には、その実施主体や形態に応じて次の3つの事業類型が存在します。

1　一般事業主型

　一般事業主（社会保険の適用事業主である株式会社等の法人または個人事業主）が、自ら定員6人以上の事業所内保育所を開設し、自社の従業員の子どもを保育する形態です。

(企業主導型保育事業費補助金実施要綱 (最終改正令和3年7月8日) より)

①　一般事業主が、その雇用する労働者の監護する乳児若しくは幼児及びその他の乳児若しくは幼児を保育するために自ら設置する事業所内保育施設（児童福祉法第59条の2第1項に規定する施設のうち、同法第6条の3第12項に規定する業務を目的とするもの（同法第59条の2第1項の規定による届出がなされ、かつ、利用定員が6人以上のものに限る。子ども・子育て支援法第27条第1項又は第29条第1項に基づく確認を受けているもの、事業所内保育施設設置・運営等支援助成金の助成を受けているもの及び地域医療介護総合確保基金の助成を受けているもの並びに市町村（特別区を含む。以下同じ。）又は都道府県が一定の施設基準に基づき運営費支援等を行っているものを除く。）以下、下記③において同じ）において、当該乳児又は幼児に

対し、保育を行う事業

2　保育事業者型

　保育所を運営する事業者（保育事業者）が、定員6人以上の認可外保育所を開設し、それを地域の一般事業主（社会保険の適用事業主である株式会社等の法人または個人事業主）と連携して自社や当該一般事業主の従業員の子どもを保育する形態です。

> **（企業主導型保育事業費補助金実施要綱（最終改正令和3年7月8日）より）**
> ②　保育を実施する者が自ら設置する保育施設（児童福祉法第59条の2第1項に規定する施設（同項の規定による届出がなされ、かつ、利用定員が6人以上のものに限り、子ども・子育て支援法第27条第1項又は第29条第1項に基づく確認を受けているもの、事業所内保育施設設置・運営等支援助成金の助成を受けているもの及び地域医療介護総合確保基金の助成を受けているもの並びに市町村又は都道府県が一定の施設基準に基づき運営費支援等を行っているものを除く。））において、一般事業主と連携して、当該一般事業主が雇用する労働者の監護する乳児又は幼児の保育を行うとともに、必要に応じ、その他の乳児若しくは幼児を保育する事業

3　事業所内保育施設型

　既存の事業所内保育施設の児童の空き定員を、当該事業所内保育施設の設置者以外の一般事業主（社会保険の適用事業主である株式会社等の法人または個人事業主）が活用する形態です。

　なお、実施要綱によれば、上記３つの類型のほかに「その他」として、「上記類型により難いもので、実施機関が、当職と協議の上で必要と認めたもの」というのがあるのですが、事例はほぼないので本書では割愛して３類型とします。

第2節　企業主導型保育所の基準

　次に、企業主導型保育所の基準について述べていきます。

　企業主導型保育所が運営にあたって遵守しなければならない基準には、大きく分けて8つあります。

> (1)　利用定員および開所時間における基準
>
> (2)　対象となる児童についての基準
>
> (3)　職員配置の基準
>
> (4)　設備基準
>
> (5)　保育内容についての基準
>
> (6)　食事についての基準
>
> (7)　衛生管理、健康管理についての基準
>
> (8)　その他の基準（建築関係条例、消防法など）

　以下、順を追って解説をしていきます。

（「企業主導型保育事業運営ハンドブック　第2版」（公益財団法人児童育成協会、2019年11月）をもとに一部修正・再編）

1　利用定員および開所時間における基準

(1)　利用定員における基準

　企業主導型保育所の利用定員は「6名以上」である必要があり、ま

た次のア、イの区分ごとに応じて施設の利用定員を定めるものとされ
ています。なお、事業実施者は利用定員を超えて保育の提供を行って
はならないため、この定員を遵守する必要があります。

ア　従業員枠
　　事業実施者に雇用されている者の監護する児童および事業実施
　者と連携した企業（施設の定員の全部または一部を利用する契約
　を締結した企業）に雇用されている者の監護する児童
イ　地域枠
　　上記ア以外の児童（施設の利用定員の50％以内）

　上記のように、「地域枠」については定員の50％以内（定員が20
人であれば10人まで、定員が15人であれば7人まで）に限るとさ
れていますが、特例として以下のアからウまでのすべての要件を満た
す場合に限り、50％を超過して従業員枠以外の児童を受け入れるこ
とができるものとされています。

○地域枠の特例
ア　児童福祉法24条3項に基づく市区町村の利用調整の結果、入所
　保留の通知を受けた児童の受入れであること。
イ　原則として、従業員枠の当該年度中における空き定員を活用し
　た一時的なものであること。
ウ　施設の利用定員のすべてを地域枠対象者としないこと。

　利用定員については6名以上とされていますが、仮に利用人数（実
員数）が6名を下回った場合であっても助成金（運営費）は問題なく
支給されます。
　また、恒常的な保育需要の変化などにより、定員の見直しが必要と
なった場合には、助成決定後であっても職員および設備基準が満たさ

れていることを条件として「定員の変更申請」を行うことが可能です（ただし、整備費助成金を受けている施設が定員を減らす場合、助成金の返還が求められることがありますのでご注意ください）。

　第5章でも解説していきますが、企業主導型保育所においては上記のうち「地域枠」および「地域枠の特例」を有効活用し、定員を満たしていく必要があります。

(2)　開所時間における基準

　開所時間については原則として、基本分単価（後述します）の区分に応じた「11時間開所」または「13時間開所」となります。

　なお、開所時間を超えて延長保育を行う場合には、延長保育加算を受給でき、さらに利用者からも延長保育料を徴収することができます。

[○例：7時から21時開所で申請を行っている事業所]

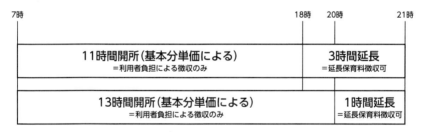

2　対象となる児童についての基準

　企業主導型保育所も「保育所」という類型となり、幼稚園とは異なります。よって、児童であれば誰でも受け入れてよい、というわけではなく、保護者が「保育を必要とする」状態でなければなりません。

　具体的には、次のいずれかの要件を満たす必要があります。

○従業員枠を利用する児童について

　すべての保護者が以下のいずれかの状態にある、乳児および幼児であること（ただし、保護者のいずれかはアの状態にあること）。

ア　事業実施者に雇用されていること。

イ　子ども・子育て支援法第20条に定める認定（同法第19条第1項第2号または第3号に掲げるものに限る）を受けていること（いわゆる「保育利用認定（2号認定または3号認定）」を受けていること）。

ウ　子ども・子育て支援法施行規則（平成26年内閣府令第44号）第1条の5第1号、第2号および第9号に定める事由に該当すると事業実施者が認めること（なお、第1号については、「一月において、月を単位に事業実施者が定める時間以上労働することを常態とすること。」と読み替えるものとする。）

○参考：子ども・子育て支援法施行規則第1条の5第1号、第2号、第9号

第1号　一月において、48時間から64時間までの範囲内で月を単位に市町村（特別区を含む。以下同じ。）が定める時間以上労働することを常態とすること。

第2号　妊娠中であるか又は出産後間がないこと。

第9号　育児休業をする場合であって、当該保護者の当該育児休業に係る子ども以外の小学校就学前子どもが特定教育・保育施設又は特定地域型保育事業（以下この号において「特定教育・保育施設等」という。）を利用しており、当該育児休業の間に当該特定教育・保育施設等を引き続き利用することが必要であると認められること。

○上記の考え方についての補足：

第1号の考え方

　「事業実施者が定める時間以上労働することを常態とすること」について

は、各企業の就労形態を踏まえて必要労働時間を任意で設定することができます。ただし、設定に際しては「勤務実態に即して保育利用ニーズが満たせるように調整すること」とされており、また国が定めている認可保育所等と同程度である「48時間以上」の勤務時間を優先する等の配慮を行う必要があります。

第2号の考え方

「妊娠中であるか又は出産後間がないこと」とは、主に産前産後8週間の期間が想定されています。企業における産前産後休業の考え方とほぼ同様ですが、産前休業のみ、労働基準法に定める期間（産前6週間の期間）とは異なるので、留意する必要があります。

第9号の考え方

例えば保護者Aさんが出産したC君のために育児休業を取得する際、すでに企業主導型保育事業を利用していたAさんが監護するB君について引き続き企業主導型保育事業を利用したほうがよいと判断した場合、B君について継続利用を認めることができるという規定になります。

エ　イおよびウに準じる状態にあると公募団体（児童育成協会）が認めること（上記に拠り難い特段の事由がある場合に限る）。

○地域枠を利用する児童について

すべての保護者が次のいずれかの状態にある、乳児および幼児であること。

ア　一般事業主に雇用されていること。

イ　子ども・子育て支援法第20条に定める認定（同法第19条第1項第2号又は第3号に掲げるものに限る。）を受けていること（いわゆる「保育利用認定（2号認定又は3号認定）」を受けていること）。

ウ　アおよびイに準じる状態にあると公募団体（児童育成協会）が

認めること（上記に拠り難い特段の事由がある場合に限る）。

3　職員配置の基準

　企業主導型保育所で従事する職員についても基準があり、所定の要件を満たす職種の職員を必要人数配置しなければなりません。

　大きく分けて下記の(1)〜(4)の職種を配置する必要があります。

(1)　保育従事者

ア．保育従事者の要件

　保育従事者は、「①保育士」、「②子育て支援員（「子育て支援員研修事業の実施について（平成27年5月21日付け雇児発0521第18号）」に規定する子育て支援員（地域保育コースのうち地域型保育の研修を修了した者に限る）をいいます）」または「③その他保育に従事する職員として市町村が行う研修（市町村長が指定する都道府県知事その他の機関が行う研修を含む）を修了した者」のいずれかとされています。

　なお、上記②または③の研修を「当該年度中に受講を予定している者」を含むとされていますので、当該研修の受講後でなければ配置できないというわけではなく、勤務開始後、その年度中に研修を受講できれば要件を満たすこととなります。

　また、上記資格要件に適合しない職員についても、配置基準人数としてはカウントされませんが、「配置基準外の従事者」として保育業務に携わることは可能です。

　例えば、設置企業の従業員を保育従事者にするということも可能です。ただし、設置企業と保育所での業務に従事する時間帯はきちんと

分ける必要があります。

イ．保育従事者の必要配置数

　保育従事者の数は、次のア〜エに掲げる児童の年齢（年度初日の前日における満年齢）区分に応じ、当該各号に定める数の合計数に「1を加えた数」以上とし、そのうち半数以上は「保育士」である必要があります。ただし、算出された配置基準人数の算定にあたっては、「保健師、看護師または准看護師」を、1人に限り保育士とみなすことが可能です。

> ア　乳児（1歳未満）……おおむね3人につき1人
> イ　満1歳以上満3歳に満たない幼児……おおむね6人につき1人
> ウ　満3歳以上満4歳に満たない児童……おおむね20人につき1人
> エ　満4歳以上の児童……おおむね30人につき1人

　基本的に認可保育所の基準と同様、年齢が高くなるにつれ人員配置も緩やかになっていくのが特徴です。
　児童の年齢は申請月の満年齢ではなく「年度の初日の前日における満年齢」で考えることとされています。「年度の初日の前日」とは3月31日を指しますので、「助成金を受給する年度の前年度の3月31日時点」の年齢が起算日となります。この考え方は年度途中入所児にも適用されますので、注意が必要です。

○参考：職員配置の具体的な計算方法
　職員配置の計算は下記手順にて行います。
（1）年齢区分ごとに計算を行い、小数点第二位を切り捨てる。
（2）上記（1）にて算出された数字を合算した数字に1を加え、小数点以下を四捨五入する。

＜具体的な計算式＞

（1）下記の合計を算出する（小数点以下四捨五入）。

　　①4歳以上の児童数×1／30（小数点第二位以下切捨て）

　　②3歳の児童数×1／20（小数点第二位以下切捨て）

　　③1、2歳の幼児数×1／6（小数点第二位以下切捨て）

　　④乳児の数×1／3（小数点第二位以下切捨て）

（2）上記（1）の合計数に「1」を加える。

○例1：0〜2歳定員が各5名の場合（定員合計15名）

　　①（1歳 5名＋2歳5名）×1／6＝1.6（小数第二位以下切捨て）

　　②0歳5名×1／3＝1.6（小数第二位以下切捨て）

　　③上記①＋②＋1＝4.2

　　④上記③の小数点以下を四捨五入すると、配置基準人数は「4名」

○例2：0〜5歳定員が各10名の場合（定員合計60名）

　　①（4歳10名＋5歳10名）×1／30＝0.6（小数第二位以下切捨て）

　　②3歳10名×1／20＝0.5

　　③（1歳10名＋2歳10名）×1／6＝3.3（小数第二位以下切捨て）

　　④0歳10名×1／3＝3.3（小数第二位以下切捨て）

　　⑤上記①＋②＋③＋④＋1＝8.7

　　⑥上記⑤の小数点以下を四捨五入すると、配置基準人数は「9名」

　　非常勤保育従事者（保育士含む）の場合は、勤務時間の合計を常勤職員の勤務時間に換算（常勤換算）して計算します。

○常勤換算の計算方法：

　　「非常勤保育従事者の1カ月の勤務時間数（休暇、出張時間等は除く）の合計」÷「保育所（または企業）の就業規則等で定めた常勤保育士の1カ月の勤務時間数」

　　※小数点第二位を四捨五入

(2)　施設長

　施設長については、資格要件は特にありませんが、児童福祉事業に従事した経験があり、保育所の役割や社会的責任を理解し、施設を適切に運営できる者を施設長とすることが望ましいとされています。

　また、企業主導型保育施設は保育所保育指針に準じて保育を提供することとされており、施設長には本指針に基づく体制づくりなどの責務が求められています。

　専任、兼務の別や勤務場所についての定めはありませんが、施設長が保育士資格を有している場合であっても、保育業務に従事していない場合は保育従事者として算定することはできません。

(3)　調理員

　企業主導型保育所には保育従事者のほか、調理を行う人員として「調理員」を配置しなければなりません。具体的な人数の基準は設けられてはいませんが、下記のような配置が望ましいとされています。

- 利用定員40人以下の場合……1人（常勤）
- 利用定員41人以上150人以下の場合……2人（常勤）
- 利用定員151人以上の場合……3人（うち1人は非常勤）

　また、アレルギー除去食を作るにあたっては、必要な栄養素の不足が発生しないよう、配置職員のうち1名は「栄養士」の資格を保有していることが望ましいとされています。

　なお、調理業務の全部を委託する場合または食事を他施設から搬入する場合には、調理員を置かないことが可能です。ただし、その場合は次の条件を満たす必要があるため、注意が必要です。

○外部搬入時の条件

①共通事項

1. 利用乳幼児に対する食事の提供の責任が企業主導型保育事業者にあり、その施設の管理者が、衛生面、栄養面等業務上必要な注意を果たし得るような体制および調理業務の受託業者との契約内容が確保されていること。

2. 当該企業主導型保育施設またはその他の施設、保健所、市町村等の栄養士により、献立等について栄養の観点からの指導が受けられる体制にある等、栄養士による必要な配慮が行われること。

3. 調理業務の受託業者の選定にあたって、当該企業主導型保育施設による給食の趣旨を十分に認識し、衛生面、栄養面等、調理業務を適切に遂行できる能力を有する者とすること。

4. 利用乳幼児の年齢および発達の段階ならびに健康状態に応じた食事の提供や、アレルギー、アトピー等への配慮、必要な栄養素量の給与等、利用乳幼児の食事の内容、回数および時機に適切に応じることができること。

5. 食を通じた利用乳幼児の健全育成を図る観点から、利用乳幼児の発育および発達の過程に応じて食に関し配慮すべき事項を定めた食育に関する計画に基づき食事を提供するよう努めること。

②3歳以上児への食事提供の場合

企業主導型保育施設外で調理し、搬入する方法により実施可。

③3歳未満児への食事提供の場合

　同一事業者または関連事業者が運営する企業主導型保育施設、小規模保育事業を実施する施設、事業所内保育事業を実施する施設、社会福祉施設または医療機関等から搬入すること、それも難しい場合には、学校給食法3条2項に規定する義務教育諸学校または同法6条に規定する共同調理場から外部搬入する方法により実施可。

[○3歳未満児への食事提供の場合]

		設置者との関係		
		設置者自身	設置者の関連事業者※1	設置者が委託した事業者
場所	自施設または同一建物の炊事場	○	○	○
	企業主導型保育施設	○	○	×※2
	小規模保育事業の保育施設	○	○	×※2
	事業所内保育事業の保育施設	○	○	×※2
	社会福祉施設・医療機関等	○	○	×※2
	義務教育諸学校・二以上の義務教育諸学校の共同調理場	○	○	○
	上記以外の料理場	×	×	×

※1 関連事業者とは資本関係がある法人（団体）を指します。
※2 設置者自身または設置者の関連事業者が設置した保育施設、社会福祉施設・医療施設が施設内調理を委託して行っている場合に、当該施設で調理したものを企業主導型保育施設に搬入する方法は可能です。

> **例：法人Aが設置した企業主導型保育施設の給食外部搬入のケース**
> ○法人Aが設置した小規模保育事業の保育施設からは搬入可能
> ○関連法人である法人Bが設置した小規模保育事業の保育施設からは搬入可能
> ○関連法人である法人Bが設置した小規模保育事業の保育施設内での調理業務を法人Dに委託している場合は、当該保育施設からの搬入は可能
> ○関連法人でない法人Cが設置した小規模保育事業の保育施設からは搬入不可
> ○関連法人でない法人Cが設置した小規模保育事業の保育施設内での調理業務を法人Dに委託している場合は、当該保育施設からの搬入は不可

(4)　嘱託医

　企業主導型保育所においては「嘱託医」も配置する必要があります。
　保育施設は集団生活を行う場であり、感染症や食中毒などについても細心の注意を払った運用を心がけなくてはならず、また医師による定期的な健康診断等における観察を受けることで、年齢に即した発達の確認を行えるなど、入園児の心身の発達および健康管理上、重要な役割を果たすとされています。

嘱託医の行うべき業務としては、次のようなものがあります。

> ・園児に対して年2回以上の定期健康診断を行うこと
> ・保育施設全体の保健・健康管理について指導・助言すること

　また、企業主導型保育所は嘱託医に対し、日頃から保育施設での健康管理等に関する取組みの情報提供や、感染症の発生および対策に関する情報交換を行うなど、積極的にコミュニケーションを図り、指導を仰ぐことが求められています。

　「医師を配置する」というと大変なことのようですが、直接雇用するわけではなく「嘱託」という形でよく、また頻繁に保育所に来てもらう必要もありません（とはいえ、引き受けてくれる医師や病院を探すのも一苦労ですが……。設置企業の嘱託医にお願いすることでもよいでしょう）。

　なお、保育所との連携が非常に重要であるという観点から、極力「近隣の」小児科関連または内科関連の医療機関に依頼することが望ましいとされています。

⑸　その他の配置人員

　企業主導型保育所に「必須で」配置しなければならない人員は上記のとおりですが、ほかにも、基準上「配置することが望ましい」とされる人員もいますので、参考として下記に解説します。

【嘱託歯科医】

　乳幼児期は乳歯がはえ始め、離乳食から始まり徐々に食事を食べ始めていく重要な時期となり、食べ物を咀嚼する歯に関する歯科保健は大変重要なものとなります。そのため、「嘱託歯科医」を配置し、定期的な歯科健康診査の実施および虫歯などの予防に関する正しい知識の指導・助言を仰ぎ、企業主導型保育所の運営に反映させることが望

ましいとされており、また嘱託医と同様、極力「近隣で乳幼児歯科を取り扱っている歯科医」に依頼することが望ましいとされています。

　ちなみに嘱託歯科医の配置自体は任意ですが、運営上「歯科検診の受診」は必須事項（年1回以上）となりますので、ご注意ください。

【第三者委員】

　社会福祉法82条の規定により、「社会福祉事業の経営者は、常に、その提供する福祉サービスについて、利用者等からの苦情の適切な解決に努めなければならない」とされています。

　しかし、認可保育所をはじめとした福祉サービスにおいては、利用者や家族にとって初めて利用するサービスである場合や、利用して初めて不都合がわかる場合も多く、特に初めて利用する場合においては他の施設のサービスとの比較が容易でない、といった特性があります。また、生活に欠かせないサービスであることから、利用者は「苦情を言うと事業者に不快に思われないか」、「利用できなくなるのではないか」と考えて不満や苦情を言い出しにくいという傾向があります。

　そこで、客観的な視点からの相談・苦情対応が行える窓口として、「第三者委員」の設置を行うことが通常となっています。

　企業主導型保育所は「認可外保育施設」であり、社会福祉事業である「認可保育所」とは異なりますが、児童福祉を担う施設であることは共通しており、社会福祉施設に「類する」ものであることから、利用者等からの苦情の適切な解決に努めるものとされており、この第三者委員を設置することが望ましいとされています。

　企業主導型保育所の場合、通常は民生委員など地域の有識者に依頼したりします。

4　施設基準

　企業主導型保育所においては、施設そのものや各部屋についても基準が定められています。大きく分けて「乳児室、ほふく室、保育室」

における基準と「その他の施設における基準」に分けることができ、さらに保育所の定員数が「19人以下」かどうかによっても基準が分かれています。

　また、企業主導型保育所の基準としてはありませんが、消防法としての基準として避難経路の定めはあります。

　以下、順を追って解説していきます。

(1)　乳児室、ほふく室、保育室における基準

　企業主導型保育所で保育を行う部屋は、乳児または1歳児が使用する「乳児室またはほふく室」、2歳以上児が使用する「保育室」で構成されることが前提となります。

　〇乳児室……ほふくをしない子どもが過ごす部屋
　〇ほふく室……ほふくをする子ども（立ち歩きをはじめた子どもを
　　含む）が過ごす部屋
　〇保育室……2歳以上児が使用する部屋

　一般的に1歳児は多くの児童がほふくをすると考えられ、満1歳に達する前でもほふくをする乳児は相当数いるとされています。そのため、各部屋の配置・面積確保については定員構成を考慮して十分に留意することが必要です。

　なお、乳児室とほふく室を1つの部屋で運営する場合には、「ほふくをする子ども」と「ほふくをしない子ども」が同時に在室することから、乳児室とほふく室のそれぞれの面積基準を満たしたうえで、柵やパーティション等で区分けするなどし、安全確保を図る必要があります。

　各必要面積は定員20人以上の場合と19人以下の場合で分かれています。

　なお、必要となる保育室等の面積は、保育を行ううえで有効な面積を「内法面積」で計算することとされており、「壁芯面積」ではないので、設計図等から面積を算出する場合には注意が必要です。また、柱などの構造物や手洗いなどの設備といった、保育室内から除く（＝保育室の外に動かす）ことができず、かつ保育スペースとして使用できない部分は除外したうえで計算する必要があります。

【定員20名以上の場合の必要面積】
○乳児室……ほふくしない子ども1人あたり1.65m²（※）以上
○ほふく室……ほふくする子ども1人あたり3.3m²以上
○保育室……2歳以上の子ども1人あたり1.98m²以上
※　乳児室については、基準上は1.65m²以上ですが、ほふくしない子どもとほふくする子どもの利用の割合は成長等に応じて変わるため、3.3m²以上確保することが望ましいとされています。
○具体的な計算式：
「ほふくしない子どもの数×1.65m²」＋「ほふくする子どもの数×3.3m²」＋「2歳以上の子どもの数 ×1.98m²」＝ 最低必要面積(※)
　　※四捨五入はしないので注意

例：ほふくしない子ども、ほふくする子ども、2歳児が各7名の場合（定員合計21名）
①ほふくしない子ども7名×乳児室1.65m² ＝ 11.55
②ほふくする子ども7名×ほふく室3.3m² ＝ 23.1
③2歳以上の子ども7名×保育室1.98m²＝13.86
④上記①＋②＋③＝「48.51m²」

【定員19名以下の場合】
○乳児室……ほふくしない子ども1人あたり3.3m²以上
○ほふく室……ほふくする子ども1人あたり3.3m²以上

○保育室……2歳以上の子ども1人あたり1.98m²以上
○具体的な計算式：
　「ほふくしない子どもの数×乳児室3.3m²」＋「ほふくする子どもの数×ほふく室3.3m²」＋「2歳以上の子どもの数×保育室1.98m²」＝ 最低必要面積（※）
　　※四捨五入はしないので注意

例：ほふくしない子ども、ほふくする子ども、2歳児が各5名の場合（定員合計15名）
①ほふくしない子ども5名×乳児室3.3m² = 16.5
②ほふくする子ども5名×ほふく室3.3m² = 16.5
③2歳以上の子ども5名×保育室1.98m² = 9.9
④上記①＋②＋③ =「42.9m²」

(2)　その他の施設における基準

【屋外遊技場】

　企業主導型保育所には外遊びができるよう、「屋外遊技場」の設置が必要となります。必要面積は、「2歳以上の子ども1名あたり3.3m²」です。

　屋外遊技場は同一敷地内への設置が望ましいですが、敷地内への設置が難しい場合、公園、広場、寺社境内等を「代替園庭」とすることができます。ただし代替園庭の場合、次のア、イに掲げる基準を満たすことが必要となりますので、選定の際には注意が必要です。

ア　公園、広場、寺社境内等において必要な面積があり、屋外活動にあたって安全が確保され、かつ保育施設からの距離が日常的に幼児が使用できる程度で、移動にあたって安全が確保されていること。

※公園までの移動経路においては、歩道やガードレール等が整備
　　されていることが望ましい。
イ　公園、広場、寺社境内等については、運営事業者が所有権、地
　　上権、賃借権等の権限を有するまでの必要はなく、当該土地の所
　　有権等を有する者が地方公共団体または公共的団体のほか、地域
　　の実情に応じて信用力の高い主体等安定的かつ継続的な使用が確
　　保されると認められる主体であること。

【医務室】（定員 20 名以上の場合のみ）

　0歳または1歳定員を設定しており、かつ利用定員が 20 名以上の
場合に必須の設備となります（総定員が 19 名以下の場合でも、「設
置することが望ましい」とされています）。

　児童が在園中に体調不良になった際に利用するスペースであること
から、保育室とは隔離させた部屋が必要となりますが、専用の部屋を
設けることが難しい場合は事務室と兼用するなどによってスペースを
確保することも可能です。

　面積基準等は定められていませんが、子ども用のベッド・布団類が
おける広さが必要となり、物を置くなど使用に支障をきたすことをせ
ず、体調不良児がいる場合に速やかに使用することができる環境を整
えることが必要となります。

【調理室】

　企業主導型保育所には、児童の給食を調理するためのスペースが必
要となります。調理室についても定員 20 名以上か 19 名以下かによっ
て基準が分かれており、それぞれ下記のとおりとなります。

○定員 20 名以上の場合……独立の調理室が必要（調理設備のみで
は不可）

○定員19名以下の場合……調理設備（食事を適切に提供するための、電子レンジ・冷蔵庫など加熱・保存等が可能な設備）が必要

外部搬入の場合も調理設備が必要となります。

また、建物の3階以上に保育所を設置する場合、次の「厨房に関する設備規定」が準用され、当該要件を満たすことが必須となりますので、注意してください（建物の2階以下に保育所を設置する場合であっても適合することが望ましいとされています）。

※厨房に関する設備規定

企業主導型保育施設の調理室または調理設備以外の部分と企業主導型保育施設の調理室または調理設備の部分が建築基準法2条7号に規定する耐火構造の床もしくは壁または建築基準法施行令112条1項に規定する特定防火設備で区画されていること。

この場合において、換気、暖房または冷房の設備の風道が、当該床もしくは壁を貫通する部分またはこれに近接する部分に防火上有効にダンパーが設けられていること。

なお、次のいずれかに該当する場合においては、上記の限りではありません。

ア　調理室または調理設備の部分にスプリンクラー設備その他これに類するもので自動式のものが設けられていること。
イ　調理室または調理設備において、調理用器具の種類に応じて有効な自動消火装置が設けられ、かつ、当該調理室または調理設備の外部への延焼を防止するために必要な措置が講じられていること。

【便所（便器）】

便所は幼児20名までにつき1以上、20名を超えた場合、20名ま

でにつきさらに1以上必要であるとともに、手洗設備が設けられており、保育室および調理室（調理設備）と区画され、子どもが安全に使用できるものである必要があり、かつ衛生的に管理されていることが必要となります。

便器は成人用ではなく「幼児用便器（補助便座は不可）」を設置する必要がありますので、注意が必要です。

ちなみに、男児用便器は、基準上の必要数にカウントすることはできません。

5　保育内容についての基準

企業主導型保育所における保育の提供は、「保育所保育指針」（厚生労働省告示第117号、平成30年4月1日施行）に準拠した内容であるとともに、児童の発達過程に応じた計画に基づく保育を提供することとされています。

下記にその詳細を解説していきます。

(1)　保育の計画

ア．全体的な計画の作成

企業主導型保育所は、各保育施設の保育の方針や目標に基づき、子どもの発達過程、子どもや家庭の状況、地域の実態を踏まえて、保育の内容が組織的・計画的に構成され、保育所の生活の全体を通して総合的に展開されるよう、保育所保育指針に定められている内容に準じた計画を作成する必要があります。

この保育の計画には「長期指導計画」「短期指導計画」等の様々な計画がありますが、この「全体的な計画」はすべての計画の上位にあたる保育所の根幹であり、保育所を利用するすべての児童が安定した

生活・充実した活動ができるよう、発展的で一貫性のあるものでなくてはならないとされています。

そのため、保育所においては、まずこの「全体的な計画」を作成し、全職員が保育所全体の保育方針や保育目標に共通認識を持って保育を計画実施できるようにする必要があります。

○**参考：全体的な計画について**（「保育所保育指針」より引用）

ア　保育所は、保育の目標を達成するために、各保育所の保育の方針や目標に基づき、子どもの発達過程を踏まえて、保育の内容が組織的・計画的に構成され、保育所の生活の全体を通して、総合的に展開されるよう、全体的な計画を作成しなければならない。

イ　全体的な計画は、子どもや家庭の状況、地域の実態、保育時間などを考慮し、子どもの育ちに関する長期的見通しをもって適切に作成されなければならない。

ウ　全体的な計画は、保育所保育の全体像を包括的に示すものとし、これに基づく指導計画、保健計画、食育計画等を通じて、各保育所が創意工夫して保育できるよう、作成されなければならない。

イ．指導計画の作成

「全体的な計画」に基づき、具体的な保育が適切に展開されるよう、子どもの生活や発達を見通した「長期的な指導計画」と、それに関連しながら、より具体的な子どもの日々の生活に即した「短期的な指導計画」を作成して保育を提供していくことが求められます。

指導計画の作成にあたっては、子ども1人ひとりの発達過程や状況を十分に踏まえるとともに、保育所の生活における子どもの発達過程を見通し、「生活の連続性」「季節の変化」などを考慮し、子どもの実態に即した具体的な「ねらい」および「内容」を設定することが必要となります。

指導計画には下記 i ～iv の類型があり、企業主導型保育所において

はそれぞれの計画をきちんと作成したうえで保育を実施することが必要です。

i　年間指導計画

　年間指導計画は、「その年度における」指導計画をまとめたものであり、0〜5歳を年齢別に作成することが必要となります。

　1年間の生活を見通した最も長期の計画であり、子どもの発達や生活の節目に配慮し、1年間をいくつかの期に区分し、それぞれの時期にふさわしい保育の内容を計画することが必要となります。

　特に0〜2歳児の指導計画の作成にあたっては、1人ひとりの発育・発達が著しく、個人差が大きい時期となるため、「子ども1人ひとりの発達過程」と「保育所生活へ慣れていく過程」という2つの側面から計画を策定していく等、作成にあたって工夫をしていくことが重要です。

ii　月間指導計画（月案）

　月間指導計画は、年間指導計画に示されている保育の「ねらい」や「内容」を1カ月単位で、子どもの実態に即して展開できるように組み立てた保育内容を示す計画となります（保育所によっては次ページの「週案・日案」と対比して「月案」と呼ぶこともあります）。

　年間指導計画と同様、特に0〜2歳児については1人ひとりの発達に応じ、個別に作成することが必要です。

　月間指導計画は、子どもの姿・発達状況に応じて、年間指導計画が達成されるよう、その月に行う保育・配慮事項を記載します。具体的な記載項目の主なものは以下のとおりです。

- 子どもの姿
- その月のねらい
- その月の保育の内容

- 環境づくり
- 予想される子どもの活動
- 子どもへの援助と配慮
- 家庭・地域との連携
- 評価反省

iii　週案・日案

　週案・日案は年間および月間の長期的な指導計画を、より子どもの実態や生活に即した保育が展開されるよう、「週間」「日間」に提供する保育内容に具体化させた計画です。

　週案・日案は短期的な指導計画となりますが、「年間指導計画」や「月間指導計画」など、長期の指導計画との関連性や生活の連続性を踏まえて作成することが必要です。

　また、長期計画だけではなく、次のデイリープログラムを踏まえた「1日の大まかな流れ」に配慮し、子どもの生活のリズムを崩さず、日々の活動に調和的に組み込まれるように配慮することが求められます。

iv　デイリープログラム

　デイリープログラムは、保育を提供するにあたり生活のリズムを整えるため、登園から遊び、食事、休憩、降園までの1日のおおまかな生活の目安となる時間を示したものとなります。

　デイリープログラムは必ずしも綿密な指導計画ではなく、保育施設の実態に合わせた大枠のスケジュールとなりますので、プログラムに縛られることなく、当日に行う保育や行事に応じて柔軟に変更していくことも重要です。

　保育計画等については巻末（274 ページ〜）に参考資料をのせていますのでご参照ください。

⑵　保育内容の自己評価

　企業主導型保育所は上記のような保育計画のほか、より良い保育を展開していくために、計画に基づいて実践した保育について保育従事者や施設長（園長）を踏まえた保育施設全体等の多様な観点で「評価」を行い、継続的に保育の質を向上させていくことが必要となります。

　この評価は大きく分けて「保育従事者自身の評価」と「保育所全体での評価」の2つに分かれています。

　「保育従事者自身の評価」においては、提供した保育と子どもの様子を振り返り、それを踏まえて今後提供していく保育に向けて改善を図り、保育の質を向上させることが最大の目的となります。自身の評価を通して提供している保育の質を改めて見直し、研修の受講等、自己研鑽を行っていくきっかけに繋げていくことが求められています。

　「保育所全体での評価」においては、「全体的な計画」等に定めた保育の達成に向け、指導計画等の保育に関わる計画の見直し・改善を図ることが目的となります。保育従事者全員が多くの観点から専門性を有する評価を相互に行い、それによって保育の質の向上に繋げていくことが求められています。

6　食事の提供についての基準

　乳幼児期の食事は、子どもの成長や発達に大きな影響を与える重要な要素の1つとなります。加えて、味覚や好みの基礎・食習慣も培われる時期であり、将来にわたっての食生活に大きな影響を与えます。

　そのため、企業主導型保育所における食事の提供についても下記のような基準が定められています。

(1) 調理業務

ア．共通事項

　保育施設における食事は安全、安心な食事であることが基本となります。そのため、保育施設においても調理施設におけるマニュアルである「大量調理施設衛生管理マニュアル（平成9年3月24日衛食第85号厚生省生活衛生局長通知別添）」に基づいた衛生管理体制を徹底することが求められています。

　安全性の高い品質管理に努めた食事を提供するため、「食材・調理食品の衛生管理」「保管時や調理後の温度管理の徹底」「施設・設備の衛生面への留意と保守点検」「検査、保存食の管理」を行い、衛生管理体制を確立させることが必要となります。

　また、献立を作成するうえでは、保育所全体で1人ひとりの子どもの発育・発達状況、栄養状況、家庭での生活状況などを把握し、子どもおよび保育施設の状況に応じた食事の提供と子どもの栄養管理を行うことが必要です。

イ．乳児食

　保護者・保育従事者・調理従事者で密接な情報交換を行い、家庭でのアレルゲンを中心とした離乳食の進み具合を把握したうえで、個人の発達に合わせた調理が求められています。

　離乳食提供の際は、ミルクの量とのバランスを考慮しつつ、離乳初期・中期・後期・完了期の段階にあわせた形態および量を調整する必要があります。

ウ．幼児食

　離乳食完了後から3歳児未満は、咀嚼・消化機能が充分に発達していないため、保護者・保育従事者・調理従事者で密接な情報交換を行

い、食事を通して様々な種類の食品や調理形態に触れることができるように調理することが求められています。

　また、3〜5歳児は味覚・嗜好の形成時期となるため、様々な料理や行事食・伝統食等の食文化に触れるとともに、食事を通して社会性や食事のマナーを身につけることができるよう、配慮することが必要です。

エ．アレルギー食

　昨今、保育所で預かる乳幼児においては食物アレルギーの頻度が高く、そのため個別のアレルギー対応が必須事項となります。

　アレルゲンとなる食材は完全除去を基本とし、除去食または代替食（アレルギー食）の提供を行うことが求められています。アレルギー食の提供に際しては、子どもの発達に必要な栄養素が不足することのないよう配慮するとともに、家庭との連携を円滑にするため、アレルギー食専用の献立を作成することも必要です。

　また、乳幼児期は食物アレルギーの耐性化も多く、変化が早いため、保育所内において調理員をはじめとした職員間の緊密な連携が求められます。

オ．調理方法

　保育所は集団生活を行う場であり、それだけに食中毒等の事故が発生することがないよう、細心の注意を払う必要があります。

　そのため、調理や保管方法、配膳方法等について上記の「大量調理施設衛生管理マニュアル」に則った運用を前提とした調理の実施が求められています。

(2)　アレルギー対応

　乳幼児期においては子ども1人ひとりが食物アレルギーの頻度が高

く、アレルゲンとなる食物を除いたアレルギー食への個別対応が必須事項となります。そのため、安全・安心な生活を送ることができるよう、企業主導型保育所においても次のような配慮が必要となります。

【参考：誤食事故を防ぐための取組み例】
〇保育所全体での取組み

　　保育施設での具体的な取組み内容を保護者、施設長、調理従事者、保育従事者で協議して決め、アレルギーを持つ園児についての情報を全職員で共有する。

　　毎朝、調理従事者と保育従事者はアレルギー対応児の出欠を確認し、出欠の変更があった場合は速やかに調理従事者に連絡する。

〇調理室内での取組み

　　アレルギー児に関する「アレルゲン一覧」および「アレルギー用個別献立表」を調理室内に掲示するなど、調理従事者がいつでも確認することができる環境を整える。

　　調理にあたっては、アレルギー食材の混入を防ぐため、アレルギー食を先に調理する。

　　盛り付けには専用トレイとトレイ用名札を準備し、名札にはクラス名・名前・アレルゲンを明記することによって、調理従事者から保育従事者へ食事の受渡しが視覚的に区別でき、配膳ミスを防ぐことにつなげることができるよう配慮する。

　　食事の受渡しを行う際はアレルギー食は個別に受け渡し、声出し確認を行う等の注意を払うことで適切な食事配慮を行う。

〇保育室内での取組み

　　食事提供の環境設定においては、誤食を防ぐため、アレルギー児の席は他の児童と別の机にする。

　　保育従事者は「アレルギー児個別献立表」の再度確認を行い、配膳時は最

初にアレルギー対応食を配膳する等配膳ミスがないようにする。

　食事終了後はテーブル、椅子、床等にアレルギー食材を残さないように入念に清掃を行う。

(3)　食　育

　乳幼児期は「正しい食事の取り方」から「望ましい食習慣の定着」、「食を通じた人間関係の形成」といった、発達段階に応じた「食育」が必要となります。企業主導型保育所においては、1日の大半の時間を保育所で過ごす児童も多いため、昼の給食だけでなく、午前・午後の補食等、様々な食の機会が提供されます。そのため、当該保育所における食育の役割は重要な要素となっています。

　企業主導型保育所に求められる食育とは、空腹を満たすだけでなく、「毎日の生活と遊びの中で自らの意欲をもって食に関する体験をし、食べることを楽しみ、大人や仲間等の人々と楽しむことを通して、食を営む力を培うこと」が重要とされています。

　食育の実施にあたっては、前述の指導計画に基づく保育内容に食育の視点を盛り込むよう努めることが必要となりますが、そのためには保育従事者と調理員との日頃からの意見交換や情報共有が必須となります。「保育」と「食育」が独立することなく、相互に関連を持ちながら総合的に実施することができるように計画を行うことが必要です。

　食育の実施にあたっては、野菜類の栽培や児童による調理、行事食・郷土料理等の提供を保育に取り入れることで、身近な食に関する体験を取り入れます。また、地域によっては収穫祭への参加や食料品の工場見学等といった、地域資源を生かした体験も取り入れることが求められています。

(4)　検便の実施

　調理員をはじめとした調理・給食提供に携わる職員（食事盛付者、食事介助者を含む）は、概ね月1回以上、検便（赤痢菌、サルモネラ菌、病原性大腸菌類等）を実施することが必要となります。また、調理や給食提供の前に、下痢や嘔吐などの症状がないかを毎日チェックする等、健康面においても細心の注意を払うことも必要です。

7　衛生管理についての基準

　乳幼児は抵抗力が弱く、病気にかかりやすい時期です。企業主導型保育所は乳幼児が長時間にわたり集団生活を行う場であることから、衛生管理には細心の注意を払う必要があります。

(1)　環境面

　環境設定においては、季節等に応じて温度や湿度を調整し、換気を行うなど施設内外の状況に応じた対応が必要です。

(2)　衛生面

保育所の設備ごとに応じた適切な対応が必要となります。

参考：保育所の設備ごとの対応例（保育所保育指針より）
◎保育室
　直接口に触れる玩具や、歯ブラシ・コップ、寝具、床、棚などの清潔・清掃。おむつ交換台・トイレ・便器・汚物槽・ドアノブ・手洗い等の蛇口・沐浴槽などの消毒剤や消毒液などを用いての清掃。

◎調理室と調乳室

　室内および調理・調乳器具、食器、食品の品質管理。入室の際の白衣（エプロン）や三角巾の着用とその清潔保持。

◎園庭や砂場

　動物の糞尿、樹木・雑草の管理、害虫などの駆除や消毒。小動物など飼育施設の清潔保持等。

◎プール

　消毒や水の管理。安全管理の徹底。特にビニールプールの使用の際の感染症の予防等。

(3)　食中毒

　嘔吐物・便などは迅速かつ的確に処理・消毒を行い、二次感染を予防することが求められます。そのため、企業主導型保育所においては、あらかじめ嘔吐物用の対応セット（マスク・使い捨て手袋・ビニール袋等）を用意し、有事において即座に対応できるように準備しておくことが必要です。

　食中毒発生時には管轄の保健所への連絡を行うとともに、その指示に従い、給食の中止や施設内の消毒等、指示に基づく対応を徹底して実施しなければなりません。また、早期に保護者へ通知を行うなど、保育所における感染拡大を防ぐよう配慮することも求められます。

8　健康管理についての基準

　乳幼児期は子どもが最も発達していく時期となりますが、自分の体調等について言語でうまく伝えることができない時期でもあり、その分保育従事者等が1人ひとりの毎日の健康状態を把握して日々の生活の中での小さな変化に気づき、子どもの健康管理を行う必要があります。また、地域の流行疾病（インフルエンザやノロウイルスなど）お

および保育所での発生状況にも注意を払うとともに、早期に疾病予防策を立てることが必要となります。

　さらに、児童1人ひとりによって発育や発達状態が異なることから、在園する児童に応じた保育を提供するため、保育従事者等が常に保育中の子どもの心身の状態を把握することが運営上極めて重要となります。

(1)　健康状態の把握

　子どもの日々の健康状態の把握は、受入れ時の視診をはじめ、保育従事者等による毎日の子どもの心身の状態の観察や検温、そして連絡帳等を活用した保護者からの子どもの状態に関する情報提供等を踏まえて行う必要があります。

　また、月に1度を目安として子どもの身長、体重の測定を定期的に行い、子どもの発達状況の把握を行うことも必要です。

(2)　健康診断の実施

　企業主導型保育所においては「入園時の健康診断」に加え、少なくとも「年2回以上の嘱託医による健康診断」および「臨時の健康診断」を、学校保健安全法に規定する健康診断に準じて行わなければなりません。また、歯科検診（嘱託歯科医でなくてもよい）についても年1回以上の実施が必須となります。

　嘱託医等による健康診断に際しては、検診前および検診時に保育従事者より1人ひとりの子どもの身体および情緒等の発育・発達状態と健康状態を嘱託医等に伝えるとともに、保育従事者および保護者からの質問や資料等も伝えたうえで、医師が適切な判断や助言を行うことができるように配慮することが求められます。

　また、健康診断の結果は、日々の健康管理に有効活用できるよう保

育所において記録を残し、保護者に伝えることが必要となります。特に医療機関における早急の受診や治療が必要な場合や保護者が不安に思う事項がある場合には、嘱託医等と連携を図り、保護者に丁寧に説明する必要があります。

(3) SIDS 防止への取組み

　乳幼児の睡眠中は窒息リスクが非常に高く、また SIDS（※）の発生も懸念されます。

　保育所における死亡事故において最も発生頻度が高いものは「睡眠中の事故」となっており、2018 年に起きた死亡事故 9 件のうち実に 8 件が睡眠中に発生しています。

※ SIDS（乳幼児突然死症候群）とは

　「それまでの健康状態および既往歴からその死亡が予測できず、しかも死亡状況調査および解剖検査によってもその原因が同定されない、原則として 1 歳未満の児に突然の死をもたらした症候群（厚生労働省：乳幼児突然死症候群（SIDS）に関するガイドラインより）」と定義されています。

　主として睡眠中に発症し、生後 2 カ月から 6 カ月の子どもに多いですが、1 歳以上で発症することもあります。

　保育所においては、乳児は生活のリズムに応じた睡眠を取り入れ、幼児は日々の保育の中で午睡を行う等、睡眠を取る機会が非常に多くあります。そのため、睡眠中の事故防止策の実施は、非常に重要な取組みとなります。

○参考：窒息および SIDS 発症リスクを除去する方法として有効的とされる
　主な取組み
　ア　医学的な理由で医師からうつぶせ寝をすすめられている場合以外は、乳

児の顔が見えるよう仰向けに寝かせることが重要となります。SIDS の発症についても、うつぶせに寝かせた場合のほうが、発症率が高いとの研究結果もあります。

イ　子どもの年齢に合わせて、定期的に子どもの呼吸・体位、睡眠状態を点検すること等により、呼吸停止等の異常が発生した場合の早期発見、重大事故の予防のための工夫を行うことが重要となります。午睡時のブレスチェックは、0 歳児は 5 分おき、1 歳児は 10 分おき、2 歳以上児は 15 分おきを目安に確認することが必要です。午睡時等におけるチェックシートを作成し、呼吸の有無・体位・様子（発汗状況・顔色等）・寝具類により口元がふさがっていないか等の確認を定期的に行う等の対応を実施することも重要です。

ウ　寝具類は子ども用のものを用意する等、睡眠における環境面で安全対策を行うことが重要となります。また、掛け布団は子どもが払いのけられる軽いものを使用し、顔に被らないようにすることが必要です。柔らかい敷き布団やマットレスや枕は、うつぶせになった場合に顔が埋まってしまい、鼻や口が塞がれて窒息するリスクがあるため、子ども用の固めのものを使用する必要があります。また、寝返りの際にタオル、衣類、よだれ掛け等で口がふさがれることや、紐が首に巻きつく恐れがあるため、こうしたものを寝ている子どもの顔近くに置くことがないようにすることも重要です。

(4)　疾病等への対応

　1 日の大半を子どもが過ごす保育所では、子どもの疾病対策についても万全を期す必要があります。子ども自身が体調不良を訴えることがなくとも、保育従事者が日々の様子等を踏まえて子どもの状態等に応じた対応をとらなければなりません。

　子どもの体調に応じて保護者に連絡するのみならず、適宜、嘱託医や子どものかかりつけ医と相談・対応することが重要です。特に、高熱、脱水症、呼吸困難、痙攣といった子どもの症状が急変した場合

や、事故など救急対応が必要な場合には、嘱託医・かかりつけ医だけでなく適切な医療機関に指示を求め、受診することが必要です。

　また、必要な場合は救急車の出動を要請するなど、迅速に対応する必要があるため、日頃から保育所の中で緊急時の対応方法の共有や訓練をしておくなど、万が一の事態にも即座に対応できる体制の構築が求められています。

9　安全についての基準

(1)　日常の安全管理 (セーフティマネジメント)

　子どもが多くの時間を過ごす保育所において、子どもが安全に過ごすことができる環境の設定は重要な課題です。そのため、書庫等の転倒リスクや衛生消耗品（消毒液・洗剤等）の保管方法など、保育所内における危険箇所の点検が必要となります。また、「安全点検表」（巻末280ページ参照）を作成して定期的に点検し、設備の安全性の確保や機能を保持することも求められます。

　さらに、保育所内だけではなく、子どもが日々利用する散歩経路や公園等についても、設置遊具や道路での危険性の有無等について、全職員で日頃から確認・共有することが必要です。

(2)　災害への備えと避難訓練

　火災や地震等の災害発生に備えて、避難訓練の計画や職員の役割分担の確認、緊急時の連絡先・避難場所の掲示等を行い、周知を図ることも必要です。全職員の意識統一のため、これらの情報をまとめた災害発生に関するマニュアルを作成することも必要となります。

　保育所は子どもの命を預かる施設であるため、企業主導型保育所を含む認可外保育施設においては、避難および消火に対する訓練を児童

を含め「毎月1回以上」行わなければならないとされています。訓練の実施にあたっては、火災や地震等の様々な災害を想定したうえで訓練を実施し、初期消火の手順までも含めて確認を行うことが必要となります。

火災であれば出火元想定を変更していくことや、事前に消防署等と連携を図り、実際の通報まで行うこと、さらには避難場所まで実際に移動してみること等、特定のパターンのみならず、多くのパターンを想定した訓練を行うことが望ましいといえます。

なお、訓練の実施内容は都度記録（巻末279ページ参照）し、保管しておくことが必要になりますので、注意が必要です。

⑶ 事故予防と対応

企業主導型保育所で過ごす子どもに万が一の事故が発生することがないよう、日常どのような点に留意し事故予防に努めるべきかについても、検討・周知を図る必要があります。周知の徹底にあたっては、事故防止に係る重要なポイントについて保育室等に掲示しておくことも有効です。併せて、事故予防に向けてマニュアルを整備することも重要となります。また、日々の生活の中において、「あと一歩で事故になるところだった」事例（ヒヤリハット）を記録・分析して、事故予防対策を都度検討していくことも重要です。

万が一事故が発生した場合、必要に応じて迅速に嘱託医の指示に基づく応急処置等の対応を行うとともに、内容に応じて救急車の手配、保護者への連絡等を行わなければなりません。また、事故後は当該事故の原因究明および対策を実施し、同様の事故が今後発生することがないよう、対策することが必要となります。併せて、事故後速やかに事故の発生状況を記録し、発生事由や対応内容などを控えておくことが必要となります。

なお、企業主導型保育事業においては要綱上、事故発生時は「教

育・保育施設等における事故防止及び事故発生時の対応のためのガイドライン【事故発生時の対応】〜施設・事業者、地方自治体共通〜（平成 27 年度教育・保育施設等の事故防止のためのガイドライン等に関する調査研究事業検討委員会作成）」を参考にして適切な対応を行うとともに、「特定教育・保育施設等における事故の報告等について（平成 27 年 2 月 16 日付け府政共生 96 号・26 初幼教第 30 号・雇児保発 0216 第 1 号）」に基づく都道府県への報告および児童育成協会への報告を行うよう定められています。

(4)　損害賠償責任保険および傷害保険（無過失保険）への加入

　万が一の事故発生に備えて、企業主導型保育事業の助成金受給にあたっては、「損害賠償責任保険」および「傷害保険（無過失保険）」への加入が必須となっています。

　そのうち「傷害保険（無過失保険）」については、「独立行政法人日本スポーツ振興センター」が行っている災害共済給付制度またはこれと同等以上の給付水準の保険に加入することが必要となっています。

　それぞれの保険の内容は次のとおりです。

【損害賠償責任保険】

　設置者が所有・管理している保育所の欠陥や管理の不備に起因した事故等が発生した場合等で、保育施設が法律上の損害賠償責任を負った場合に補償される保険。

【傷害保険（無過失保険）】

　保育所の管理下において、急激かつ偶然な外来の事故により傷害を被った場合に、施設の「法律上の賠償責任の有無に関係なく」補償される保険。

10 秘密保持についての基準

　保護者や子どものプライバシーの保護、知り得た事柄の秘密保持は、相談・助言において欠かすことのできない絶対的・専門的原則となります。そのため、知り得た情報を外部に漏らすことは決してあってはならず、児童福祉法においても18条の22で、「保育士は、正当な理由がなく、その業務に関して知り得た人の秘密を漏らしてはならない。保育士でなくなった後においても、同様とする。」と厳しく定め、同法61条の2で、違反した場合の罰則も定めています。

　秘密保持については、事業者が主体的に、個人情報等をはじめとした情報類の秘密保持の体制について、定期的に確認を行っていくことが必要です。

　しかし、子どもが虐待を受けている等秘密を保持することが子どもの福祉を侵害し、子どもの最善の利益を図ることができないような場合は、必要な対応を取るために、児童相談所をはじめとした関係機関等に通知し、協議することが認められます。

11 苦情対応についての基準

　企業主導型保育所は多くの人々が関わる施設であり、多様な価値観が交わる場でもあります。苦情が発生しない運営が前提として求められますが、万が一苦情が発生した場合を想定し、苦情に迅速に対応するために事前に体制を整備することが求められています。

　保育所内に「苦情解決責任者」を設置するとともに、一次的な対応を行う担当者として「苦情解決担当者」を決め、苦情受付から解決までの手続きを明確化する等、苦情対応に係る体制整備をすることが必要です。また、中立かつ公正な立場となる第三者の関与を組み入れるため、前述のような「第三者委員」を設置することが望ましいとされています（61ページ参照）。

　また、苦情に関しての検討内容や解決までの経過を記録し、職員会議などで共有を図り、同様の苦情が発生することがないよう、再発防止と実践に役立てることが必要となります。

　なお、企業主導型保育所においては、要綱上、「施設を利用している者又はその保護者等からの苦情に迅速かつ適切に対応するために、苦情を受け付けるための窓口を設置する等の必要な措置を講じなければならない」と定められています。

　体制整備の考え方については「社会福祉事業の経営者による福祉サービスに関する苦情の仕組みの指針について（平成12年6月7日付け障第452号・社援第1352号・老発第514号・児発第575号）」に準じて整えることが望ましいとされています。

12　その他の基準

　ここまで、企業主導型保育所に係る代表的な基準を解説してきましたが、上記のほかにも様々な基準が定められています。

(1)　子育て支援

　企業主導型保育所における保護者に対する子育て支援は、すべての子どもの健やかな育ちを実現することができるよう、子どもの育ちを家庭と連携して支援していくとともに、保育に支障がない限りにおいて、地域の実情や当該保育所の体制等を踏まえ、地域の保護者等に対して、保育所の専門性を生かした子育て支援を積極的に行うよう努めることが求められています。

(2)　情報提供

　保育所から家庭に情報提供を行うことは、子育てに関する専門施設

である企業主導型保育所において非常に重要な要素となります。「保育所への入園を検討するために必要な情報の提供」や契約時における「サービス利用料」や「サービス内容に関する情報提供」が必要となり、また保育所入園後においても「子どもの保育に応じた情報の提供」が求められます。

　企業主導型保育所においては情報提供を行わなければならない項目についても定められていますので、次に解説していきます。

ア．保育所内掲示による情報提供

　企業主導型保育所を探している保護者は保育所の検討にあたり、開所時間や提供しているサービス内容等、様々な情報を自ら収集し、保育所を選ぶことになります。そのため、保育所からの積極的な情報発信により保護者の知りたい情報を随時提供していくことで、保護者のニーズにより即した保育所選びに繋げていくことが必要となります。

　企業主導型保育所は認可外保育施設に該当するため、以下の内容掲示が義務づけられており、書面による提示などが必要となります。

- 設置者の氏名または名称および施設の管理者の氏名
- 建物その他の設備の規模および構造
- 施設の名称および所在地
- 事業を開始した年月日
- 開所している時間
- 提供するサービスの内容および当該サービスの提供につき利用者が支払うべき額に関する事項
- 入所定員
- 保育士その他の職員の配置数またはその予定　など

（根拠法令）児童福祉法59条の2の2および児童福祉法施行規則49条の5

イ．契約時における情報提供

　保護者と契約をするにあたり、保護者の認識と齟齬が発生することがないよう、契約時においても丁寧な説明をしていくことが求められています。

　企業主導型保育所は認可外保育施設に該当するため、次の契約内容を記載した書面の交付が義務づけられています。

- 設置者の氏名および住所または名称および所在地
- 保育サービスの提供につき利用者が支払うべき額に関する事項
- 施設の名称および所在地
- 施設の管理者の氏名および住所
- 保育施設利用者に対し提供するサービスの内容
- 保育する乳幼児に関して契約している保険の種類、保険事故および保険金額
- 提携する医療機関の名称、所在地および提携内容
- 利用者からの苦情を受け付ける担当職員の氏名および連絡先

（根拠法令）児童福祉法59条の2の4および児童福祉法施行規則49条の6

ウ．入園後の保護者への情報提供

　入園後も、保護者に向けた情報発信として、季節ごとの疾病・感染症の発生状況に関する情報や予防策の提供、そして季節・行事に応じた食事・献立を家庭に適宜伝えていくことが望まれています。それには、日々の「連絡帳」や「園だより」「献立表」「食育だより」「保健だより」などをはじめ、必要に応じて配布物を随時活用して情報発信を行ったり、内容に応じて口頭連絡等を行うなど、様々な手段を活用して情報提供を行うことが必要です。

エ. 共同利用の場合の委託元企業（一般事業主）への説明

　企業主導型保育所ならではの情報提供として、保育所を共同利用で運営する場合、委託元企業（一般事業主）においても事業主と同様、保育施設が子どもの健全な心身の発達を図る場となるよう努めていくことが求められています。そのため、事業者は委託元企業の窓口となる責任者、契約担当者または人事担当者等に対して、「利用契約枠」および「企業負担額」に関する情報はもちろん、「保育の内容」「保育所における安全対策」等についても十分に理解が図れるよう、説明を行うことが必要です。

　上記については共同利用の契約時のみならず、契約後も定期的な報告などを通じて、日頃から緊密に連携を図っていくことが求められます。

オ. 職責ごとに職員に求められる役割と専門性の向上

　企業主導型保育所においては、職責ごとに求められる役割を定めるとともに、専門性を向上させていくことが求められています。それぞれの職責における内容は下記のとおりです。

ⅰ　施設長（園長）

　施設長（園長）は、企業主導型保育所を運営するため、保育の実施と運営上の関連する各種法令や保育倫理等はもちろん、企業主導型保育所に関する実施要綱および助成要領ならびに認可外保育施設指導監督基準を把握したうえで、当該保育所の運営を行うことが求められています。

　また、施設長は自己評価の結果を踏まえた保育内容の課題や苦情解決等を通して保育所運営における課題を認識し、各職員へ行う研修等に反映させることで、保育所全体の保育の質の向上を図り、保育所としての社会的使命を果たすことが必要とされています。

保育所保育指針および保育所における保育理念や目標を踏まえ、子どもの最善の利益を達成するために「施設の長」として全職員を牽引していくことができる人材であることが必要です。

ii　職　員

施設長だけではなく、各従事者においても関連する各種法令を把握することが求められます。各種法令を踏まえ、自分の経験・知識を活用して保育を実践していくことが必要です。

保育従事者は、その言動が子どもあるいは保護者に大きな影響を与える存在であることから、特に高い倫理性が求められます。1人ひとりが子どもや保護者に与える影響を十分に理解しながら、日頃から職場内・職場外研修、自己研鑽により保育の専門性を高めることが重要です。

また、各種保育計画において自身が提供した保育の自己評価を通して保育の課題の洗い出しを行い、研修に役立てることや、研修においてその成果を自己評価し、次の研修計画の改善に生かす、というサイクルをつくることも必要です。

カ．研修の実施

保育の質の向上を図っていくためには、各種保育計画等の自己評価だけにとどまらず、組織の中で保育の質について定期的・継続的に検討を行い、課題を把握し、改善のために具体的に取り組めるような研修体制を構築することが必要となります。施設長等のリーダーシップの下、保育所の現状や職務分担に基づき、体系的・計画的に取り組みます。

また、研修の実施方法や内容は、具体的な保育実践を積み重ねていく中で深まり、また掘り下げるといった繰り返しによって、保育の質の向上に繋げていくことが望ましいとされています。

経験や実践してきた保育内容の違い等、多くの経験をしてきた職員

がいることを生かし、職員間で研修を開催する等相互に学び合いを深めていくことができるような体制をつくることが求められます。

第3節　企業主導型保育所の収入構造と加算

　ここからは、企業主導型保育所の収入構造と加算について解説していきます。

　企業主導型保育所の助成費は「運営費」と「整備費」に分かれており、運営費はさらに「基本分単価」と「加算」に分かれています。

　ここでは、まず運営費の「基本分単価」の解説、次に「整備費」の解説、最後に「加算」の解説と、順を追って行ってまいります。

1　運営費の基本分単価について

(1)　区分について

　基本分単価は文字どおり助成費の基本的な報酬部分となります。通常の認可保育所の報酬は都道府県または市区町村ごとに設定した「年齢ごとの基本単価」＋「加算」という構造になっていますが、企業主導型保育所は「地域区分」「定員区分」「年齢区分」「開所時間区分」「保育士区分」の5つの区分から成り立っており、それぞれ次のような定義となっています。

ア．地域区分

　企業主導型保育所の助成費は全国一律ではなく、地域（市区町村）ごとに次の8区分に分かれています。

```
①20/100地域
②16/100地域
③15/100地域
④12/100地域
⑤10/100地域
⑥6/100地域
⑦3/100地域
⑧その他地域
```

　この区分の分子が大きいほど基本分単価も高額になりますので、定員や子ども年齢等が同じであったとしても、企業主導型保育所の所在地によってもらえる報酬に差が出ることとなります。

イ．定員区分

　企業主導型保育所の定員によっても、基本分単価は異なります。
　定員区分は一定の人数ごとに、次のように7つの区分に分かれています。

```
①6〜12人
②13〜19人
③20〜30人
④31〜40人
⑤41〜50人
⑥51〜60人
⑦61人以上
```

　この区分については、定員が「少ないほど」基本分単価が高額となります。例えば、定員13人の企業主導型保育所の場合、上記②の区

分に属することとなりますが、定員区分以外の区分が同条件ですと、
①と比べて児童1人当たり実に4〜5万円ほど助成費に違いが出ます
（①と比べて少なくなります）。

　よって、企業主導型保育所の定員を検討する際は、この定員区分に
ついても十分に考慮を行いつつ決定する必要があります。

ウ．年齢区分

　年齢区分とは「児童の年齢」による区分です。

　前述のとおり、企業主導型保育所における利用児童の年齢は、「助
成費を申請する月の満年齢」ではなく「助成費を申請する年度の前年
度の3月31日時点」の年齢が起算日となります（年度途中入所児も
同様）。

　年齢区分は下記のとおり、4つの区分に分かれています。

```
①4歳児以上
②3歳児
③1〜2歳児
④乳児（1歳未満児）
```

　人員配置については年齢が低いほど必要になる保育従事者も多くな
りますが、年齢区分もそれに比例し、年齢が低いほど基本分単価は高
額となります。

エ．開所時間区分

　開所時間とは「保育を受け入れることができる時間帯」を指しま
す。開所時間区分は「1日11時間開所」と「1日13時間開所」に
分かれており、さらに「週7日未満開所」と「週7日開所」に分かれ
ています。

　また、実務上においては「週6日未満開所」という区分けも存在し

ており、まとめますと下記の表のようになります。

①1日13時間開所で週7日開所
②1日11時間開所で週7日開所
③1日13時間開所で週7日未満開所
④1日11時間開所で週7日未満開所
⑤1日13時間開所で週6日未満開所
⑥1日11時間開所で週6日未満開所

　基本分単価としては上記⑥が最も低額で、上に行くごとに高額となり、上記①が最も高額という体系になっています。

オ．保育士区分

　保育士区分とは、保育従事者に占める保育士の割合による区分です。割合により、下記の3つの区分に分かれています。

①保育士比率100％
②保育士比率75％
③保育士比率50％

　基本分単価としては保育士比率が高いほど高額となります。
　なお、この「保育士比率」とは、「保育従業者全体に占める保育士の割合」ではなく、前述の「定員に応じた保育従事者の人員配置のうちの保育士の割合」となります。よって、人員配置基準以上の人員を配置する場合、仮に人員配置基準上の保育従事者の保育士比率が100％なのであれば、それを超える保育従事者については資格を有していなくても大丈夫、ということになります。

カ．その他（中小企業事業主とそれ以外）

　基本分単価を決める区分としては上記5つとなりますが、これ以外に「中小企業事業主」であるかそうでないか（大企業事業主か）という区分けによっても単価が分かれており、中小企業事業主であれば基本分単価は高額となります。

　「中小企業事業主」とは、「中小企業基本法2条1項に規定する中小企業者」および「これに相当するものとして児童育成協会が定めるもの」とされています。

○参考：中小企業基本法2条1項

（中小企業者の範囲及び用語の定義）

第2条　この法律に基づいて講ずる国の施策の対象とする中小企業者は、おおむね次の各号に掲げるものとし、その範囲は、これらの施策が次条の基本理念の実現を図るため効率的に実施されるように施策ごとに定めるものとする。

　　一　資本金の額又は出資の総額が3億円以下の会社並びに常時使用する従業員の数が300人以下の会社及び個人であって、製造業、建設業、運輸業その他の業種（次号から第四号までに掲げる業種を除く。）に属する事業を主たる事業として営むもの

　　二　資本金の額又は出資の総額が1億円以下の会社並びに常時使用する従業員の数が100人以下の会社及び個人であって、卸売業に属する事業を主たる事業として営むもの

　　三　資本金の額又は出資の総額が5000万円以下の会社並びに常時使用する従業員の数が100人以下の会社及び個人であって、サービス業に属する事業を主たる事業として営むもの

　　四　資本金の額又は出資の総額が5000万円以下の会社並びに常時使用する従業員の数が50人以下の会社及び個人であって、小売業に属する事業を主たる事業として営むもの

具体的には、業種ごとに次の表に当てはまる事業主が「中小企業事業主」となります。

業　　　種	中小企業者 （下記のいずれかを満たすこと）	
	資本金の額又は 出資の総額	常時使用する 従業員の数
①製造業、建設業、運輸業 　その他の業種（②〜④を除く）	３億円以下	300 人以下
②卸売業	１億円以下	100 人以下
③サービス業	5,000 万円以下	100 人以下
④小売業	5,000 万円以下	50 人以下

○基本分単価と地域区分の一覧表

　以上を踏まえたうえ、「どのような区分であればどのような単価になるのか」については「企業主導型保育事業費補助金実施要綱」（最終改正令和３年７月８日）にまとまっていますので、自身の企業主導型保育所がどこに該当するかをご確認のうえ、ご参照ください。

　要綱は、公益財団法人児童育成協会「企業主導型保育事業〜企業主導型保育事業ポータル」ホームページからご覧いただけます。

(2)　月ごとの基本分単価の計算方法

　基本分単価は月ごとに計算して請求することとなり、月ごとの基本分単価は次の計算式によって計算します。

　ア　各月初日の入所児童の場合（下記ウに該当する児童を除く。）
　　　企業主導型保育事業の基本分単価×その月初日の入所児童数

イ　月途中入所（退所）児童の場合

(i)　週7日間開所施設の場合

当該企業主導型保育事業の基本分単価×（その月の月途中入所日からの利用日数等（30日を超える場合は30日）÷30日）

※10円未満の端数は切り捨てる。また、利用日数等には、病気その他の協会が定める事由による欠席を含む。以下、④において同じ。

※退所の場合は「その月の月途中退所日までの利用日数等」とする。以下(ii)および(iii)において同じ。

(ii)　週6日間開所施設の場合

当該企業主導型保育事業の基本分単価×（その月の月途中入所日からの利用日数等（25日を超える場合は25日）÷25日）

(iii)　週6日未満開所施設の場合

当該企業主導型保育事業の基本分単価×（その月の月途中入所日からの利用日数等（20日を超える場合は20日）÷20日）

ウ　定型的な利用のない児童等の場合（月15日程度以下の利用の場合）

(i)　週7日間開所施設の場合

当該企業主導型保育事業の基本分単価 ×（その月の利用日数等÷30日）

(ii)　週6日間未満開所施設の場合

当該企業主導型保育事業の基本分単価 ×（その月の利用日数等÷25日）

(iii)　週6日未満開所施設の場合

当該企業主導型保育事業の基本分単価 ×（その月の利用日数等÷20日）

エ　週6日未満開所の施設の取扱いについて

基本分単価のうち週7日未満開所の場合の基準額に、「20/25を乗じて得た額」が基本分単価となります。

上記が基準額となり、この合計額から下記の「保護者負担の保育料の合計額を控除した額」（保護者負担相当額）が、最終的な基本分の補助額となります。

[○基本分単価から控除する額（1人当たり月額)]

年齢区分	保護者負担相当額
4歳以上児	23,100 円
3歳児	26,600 円
1、2歳児	37,000 円
0歳児	37,100 円

　保護者負担の保育料は認可保育所とは異なり所得による階層区分等はなく、年齢区分ごとに一律の負担額となります。

　基本単価（および加算）は企業主導型保育事業の電子申請フォーマットにて毎月計算・入力を行います。助成費の請求方法としては、原則として「月次報告対象月の翌月1日から10日（未報告月分を含む)」までに申請を行い、当該月次報告対象月の翌々月末日に振込みがされることとなります。
　ただ、上記スケジュールですと申請から実際の振込みまで2カ月近く期間が空いてしまうため、資金繰りの救済措置として「概算交付申請」という仕組みが設けられており、「月次報告対象月の当月1日〜10日」までにこの申請を行うことで、その月の見込みの助成費が当月末日に振込みされることとなっています。

2　整備費について

　次に、「整備費」についても少し解説していきます。

(1) 整備費の対象となる経費

　「整備費」は、企業主導型保育所の「新規開園」や、既存の企業内保育所等を改装して企業主導型保育所の定員として「増員」する等に係る工事費用等を助成するものです。

　具体的には、次の4つのいずれかに該当する工事費用が対象となります。

---

(1)　創設・・・・新たに企業主導型保育施設を整備すること。
(2)　増築・・・・既存建物の現在定員の増員を図るための整備をすること。
(3)　増改築・・・既存建物の現在定員の増員を図るための整備をするとともに、既存建物の改築整備(一部改築を含む)をすること。
(4)　改築・・・・既存建物の現在定員の増員を行わないで改築(一部改築を含む)整備を行うこと。

　あくまでも企業主導型保育所としての施設に対する助成ですので、次の費用については整備費の対象とはなりません。

---

(1)　土地の買収または整地に要する費用
(2)　既存建物の買収(既存建物を買収することが建物を新築することより効率的であると認められる場合における当該建物の買収を除く。)に要する費用
(3)　職員の宿舎に要する費用
(4)　その他整備費として適当と認められない費用

---

(2) 整備費における加算について

前述の整備費のほか、創設の場合のみですが、下記の要件に該当する場合には加算を受けることができます。

ア．環境改善加算

既存建物等を活用する場合等に、児童の安全性を考慮する等、建物の入口周辺等を児童向けの環境に整備する場合に加算

イ．特殊付帯工事加算

建物に固定して一体的に整備する下記に掲げる工事を行った場合

- 水の循環・再利用の整備
- 生ごみ等処理の整備
- ソーラーの整備
- 消融雪設備整備
- その他資源の有効活用および環境保全のために必要と認められるもの

ウ．土地賃借料加算

新たに土地を貸借して建物を整備する場合

エ．地域交流・一時預かりスペース加算

一時預かりや地域に密着した独自事業を実施する場合

オ．病児保育スペース加算

病児保育を実施する場合で、専用スペースを整備した場合

カ．共同設置・共同利用連携加算

　中小企業事業主が、他の企業との共同設置・共同利用について、企業間で検討、相談、準備等を行う場合

(3) 整備費の計算方法

　整備費の金額は、下記の計算式によって算出します。

⑴　次ページ（別紙５）の表の「種目」欄に定められた項目ごとに、「基準額」欄に定められた基準により算出した基準額を合計する（交付基礎額）。

⑵　「次ページ（別紙５）の表の「対象経費」欄に定める「対象経費を実際に支出した金額」と、「総事業費から下記１～５に掲げる額を控除した金額」とを比較し、いずれか少ないほうの額に3/4を乗じる。

　　１．残存物件の処分による収入

　　２．残存建物等の処分による収入

　　３．火災保険収入（※）

　　　※過去において、補助金等の交付を受けて建設しまたは改造、改築等により効用の増加した既存建物等の全部または一部が被災したことによる火災保険金の収入から補助基準額の1/4を控除した額（ただし当該補助事業等の目的が既存建物等によって実施されている事業を継承する同種、同目的の場合に限る）。

　　４．契約違反による違約徴収金の収入

　　５．徴収金、返還金等の収入（保育料を除く）

⑶　上記⑴により算出した額と⑵により算出した額とを比較して、いずれか少ないほうの額を交付額とする。

1　種目	2　基準額	3　対象経費
本体工事費	**基本単価** |	標準	都市部
定員 20 名以下	80,300	88,400
定員 21 〜 30 名	84,200	92,700
定員 31 〜 40 名	98,000	107,800
定員 41 〜 70 名	111,700	122,900
定員 71 〜 100 名	145,100	159,600
定員 101 名以上	174,000	192,000 | **環境改善加算**　　　11,380 　児童の安全性を考慮する等、建物の入口周辺等を児童向けの環境に整備する場合に加算する。 **特殊附帯工事加算**　　　11,380 　別紙6「3.特殊附帯工事（資源有効活用整備費）の取扱いについて」に定める整備を行う場合に加算する。 **設計料加算** 　基本単価の5％（千円未満切り捨て） **開設準備費加算** 　開設準備に必要となる棚・下駄箱等（つくり付けのものに限る。）を整備するための費用として定員区分における基準額に定員数（増員の場合は増加定員数）を乗じた額を加算する。 　　　定員 20 名以下　　　　　41 　　　定員 21 〜 30 名　　　　31 　　　定員 31 〜 40 名　　　　27 　　　定員 41 〜 70 名　　　　23 　　　定員 71 〜 100 名　　　19 　　　定員 101 名以上　　　　14 **土地借料加算**　　　18,200 　新たに土地を賃借して建物を整備する場合に加算する（工事着工から工事完了までの期間に限る。）。	企業主導型保育施設の整備（建物の整備と一体的に整備されるものであって、内閣総理大臣が必要と認めた整備を含む。）に必要な工事費又は工事請負費及び工事事務費（工事施工のため直接必要な事務に要する費用であって、旅費、消耗品費、通信運搬費、印刷製本費及び設計監理料等をいい、その額は工事費又は工事請負費の2.6％に相当する額を限度とする。以下同じ。ただし、中小企業事業主が他の企業との共同設置、共同利用について、企業間で検討、相談、準備等を行う場合は、そのための事務費として左記の限度額に1,000千円を加算した額を限度とする。）。ただし、別の補助金等又はこの種目とは別の種目において別途交付対象とする費用を除き（以下同じ。）、工事費又は工事請負費には、これと同等と認められる委託費、分担金及び適当と認められる購入費等を含む。（以下、同じ。）

地域交流・一時預かりスペース加算[※3]

標準	都市部
2,630	2,880

保育施設の持つ専門性を生かした地域の子育て支援を行う地域交流スペース又は預かりサービス（一般型）の専用スペースを整備する場合に加算する。

病児保育スペース加算[※3]

標準	都市部
20,970	23,000

病児保育に必要な保育室及び安静室等を整備する場合に加算する。

共同設置・共同利用連携加算　　1,000

※中小企業事業主が他の企業との共同設置、共同利用について、企業間で検討、相談、準備等を行う場合に加算する。

解体撤去工事費	**【解体撤去工事費】**	解体撤去に必要な工事費又は工事請負費及び仮設施設整備に必要な賃借料、工事費又は工事請負費
	定員 20 名以下　　　　1,769	
	定員 21 ～ 30 名　　　2,006	
	定員 31 ～ 40 名　　　2,676	
	定員 41 ～ 70 名　　　3,368	
	定員 71 ～ 100 名　　4,750	
	定員 101 名以上　　　5,701	
仮設施設整備費	**【仮設施設整備工事費】**	
	定員 20 名以下　　　　3,153	
	定員 21 ～ 30 名　　　3,846	
	定員 31 ～ 40 名　　　4,664	
	定員 41 ～ 70 名　　　6,478	
	定員 71 ～ 100 名　　9,781	
	定員 101 名以上　　11,662	

※1　平成 27 年 10 月 1 日現在（国勢調査）の人口密度が、1,000 人／km² 以上の市町村については、都市部の基準額を適用し、その他の市町村については、標準の基準額を適用する。

※2　平成 28 年 3 月 31 日より事業所内保育施設を実施している者が定員を増加（4 人以下）する場合には、工事に係る定員数を整備後の総定員数で除し、整備後の総定員数の規模に乗じて得た額を基準額とする。

※3　これらスペースを整備後に用途を変更する場合、当助成要領第 2 企業主導型保育事業（整備費）について 5．助成金の交付条件(1)①②を参照のうえ手続きを行うこと。

整備費の申請は企業主導型保育所の設置の申請と同時に行うこととなり、添付書類は原則として下記のとおりとなります。

1　所要額調書および工事および工事事務費費目別内訳書
2　配置図（施設に隣接する建物、道路等を明記したもの）および案内図（市町村の地図など敷地の場所が確認できるもの）
3　保育施設の平面図（保育室、調理室、幼児用便所等、各部屋等別に室名および対象児童数（保育室等に限る。）、用途、面積および避難経路の記載ならびに採光および換気の計算式を記載したもの）および立面図
4　建築士が合理的に積算した予定価格調書
5　施設を整備する敷地の登記簿謄本または賃貸借契約書（地上権設定の確約書を含む。）の写し
6　保育室の有効面積算定図・算定表
7　助成申込者の直近の法人税申告書
8　助成申込者の最近3期の決算報告書（貸借対照表および損益計算書含む一式）
9　預貯金の残高証明書
10　会社・法人の登記事項証明書（個人事業主の場合は開業届）
11　社会保険料の未納がないことを証明する書類
12　税金の未納がないことを証明する書類
13　暴力団排除に関する誓約書兼照会同意書
14　その他協会が必要と認める書類

※以下は新規に助成を受けようとする場合に必要
1　建築整備内容の法令・基準チェックシート
2　保育の質に関する調書
3　保育所保育指針における「全体的な計画（案）」
4　ガバナンス・コンプライアンスに関する調書
5　利用意向調査票

6　資金計画書

7　施設長（園長）候補者の履歴書

8　法人等の就業規則・非常勤就業規則

9　法人等の給与規程

10　時間外労働・休日労働に関する協定届（36協定）

11　助成申込者の施設等の5年以上の運営実績を有していることを証明する
　　書類（保育事業者型事業を実施する場合に限る。）

12　委託事業者の施設等の5年以上の運営実績を有していることを証明する
　　書類（保育施設の運営を委託する場合に限る。）

13　既存建物の検査済証、確認済証、台帳記載事項証明書、既存建物が違
　　法でないことを建築士が証明する書面のうちいずれか1つ（改築・増築の
　　場合に限る）

14　旧耐震基準で建てられた建物において企業主導型保育事業が行う際の報
　　告書（昭和56年以前に確認済証が発行されている建物に増築する場合に
　　限る）

15　その他協会が必要と認める書類

※以下は、病児保育事業を実施するとして病児保育室等を整備する際に助成
　を受けようとする場合に必要

1　病児保育事業の実施に向けたチェックシート

2　病児保育事業実施計画書

※以下は、一時預かり事業を実施するとして一時預かり保育室等を整備する
　際に助成を受けようとする場合に必要

1　一時預かり事業の実施に向けたチェックシート

2　一時預かり事業実施計画書

(4) 整備費交付における課題

　整備費について解説するうえで、最後に企業主導型保育事業の審査が世間で問題視された経緯をお話したいと思います。

　企業主導型保育事業における「助成費の不正受給」としてニュース等で大々的に取り沙汰されたのが、この「整備費」の受給についてです。2018年10月末、東京都世田谷区の企業主導型保育所がこの整備費の審査上のスキを突いて助成費の不正受給を行ったことが、そもそもこの問題の発端でした。

　この助成金の不正受給とは、つまり「水増し請求」のことを指しています。

　水増し請求の具体的な手順としては下記のとおりです。

　まず、3階建ての中古マンションの1室（119m^2）に企業主導型保育所を開設するとして、当該企業主導型保育所の運営法人（正確にはそこから依頼を受けたコンサルティング会社）が工事業者に見積もりを依頼しました。

　そして工事業者は開設に係る工事費用を「9,873万円」と見積もり、それを受けてコンサルティング会社が定員18人の企業主導型保育所として、申請窓口である「児童育成協会」に整備費を申請し、その後児童育成協会から整備費として2016年11月14日付で「7,742万円（9,873万円の4分の3）」の助成決定の通知がなされました。

　ここで問題となるのは、工事業者が見積りをした「工事費用」の妥当性の審査です。120m^{2}前後の保育所の整備費用に1億円近くの費用がかかることは通常で考えて妥当性を著しく欠く金額であるといえます（参考までに、著者の経営する小規模保育所は90m^{2}のマンション1室を整備して開園しましたが、一からすべてを整備しても費用は700万円ほどでした）。

　この工事の見積書には、内装仕上工事だけで1,687万円、空調設備工事だけで951万円と見積もられていたとされています。内装工事

の工事費は、「坪単価」で計算されるのが一般的ですが、この計算でいくと上記保育園の工事費の坪単価は「274万円」となります。

　通常、保育所の工事費用は坪単価100万円前後が相場とされていますが、その相場から大きく逸脱した金額であるにもかかわらず、整備費の審査がまかりとおってしまったのです。

　上記のような水増し請求が助成決定となってしまった原因としては、以下のような理由が考えられています。

1．整備費の「基準額」が（前出の表のとおり）「定員規模」によって計算され、坪単価では計算されておらず、また基準額の金額もそもそも高額であったこと
2．児童育成協会の審査担当の中に会計士や税理士がいなかったこと
3．整備費については原則として現地確認を行っていなかったこと
4．企業主導型保育所の急増で審査が追いついていなかったこと

　現在では整備費も含めた新規申請者に対する助成については大幅な審査の見直しが行われています。主な見直しの内容は下記のとおりです。

---

①書面審査のみならず「ヒアリング（面談または電話）」を実施するようになった
②整備費助成決定を行った事業者には必ず現地確認を実施するようになった
③建築士の関与を必須とし、さらに建築士と児童育成協会との直接のやり取りを求めるようになった

3　運営費の加算について

　最後に、基本分単価以外に助成される「加算」について解説をしていきます。

（「企業主導型保育事業運営ハンドブック」をもとに一部修正・再編）

(1)　加算の種類と要件

　企業主導型保育所においては、一定の要件を満たす保育や一定の人材を採用した場合などに、通常の基本分単価とは別に「加算」という助成を受けることが可能です。

　この加算には下記のような種類があります。

　・延長保育加算

　・夜間保育加算

　・非正規労働者受入推進加算

　・病児保育加算

　・預かりサービス加算

　・賃借料加算

　・保育補助者雇上強化加算

　・防犯・安全対策強化加算

　・運営支援システム導入加算

　・連携推進加算

　・改修支援加算

　・改修実施加算（賃借料加算、共同設置・共同利用連携加算）

　・処遇改善等加算（Ⅰ・Ⅱ）

　それぞれ下記に詳細な要件について解説していきます。

ア．延長保育加算

　企業主導型保育所の開所時間（11 時間または 13 時間）を超えて延長保育を実施する場合に受給できる加算となります。

　11 時間開所の事業所の場合は 11 時間を超えて延長保育を実施する場合、13 時間開所の事業所の場合は 13 時間を超えて延長保育を実施する場合が対象となり、算定にあたっては「延長保育事業の実施について（平成 27 年 7 月 17 日雇児発 0717 第 10 号）」に準じた運用が条件となっています。

　適用されるための具体的な運営条件は下記のとおりです。

ア　1 時間延長

　開所時間を超えて 1 時間以上の延長保育を実施しており、延長時間内の 1 日当たり平均対象児童数が 6 人以上（定員 19 人以下または夜 10 時以降に行う場合は 2 人以上）いること。

イ　2 時間延長

　開所時間を超えて 2 時間以上の延長保育を実施しており、延長時間内の平均対象児童数が 3 人以上（定員 19 人以下または夜 10 時以降に行う場合は 1 人以上）いること。

ウ　3 時間以上の延長

　イと同様、1 時間ごとに区分した延長時間以上の延長保育を実施しており、延長時間内の平均対象児童数が 3 人以上（定員 19 人以下または夜 10 時以降に行う場合は 1 人以上）いること。

エ　30 分延長

　上記アからウに該当しないもので、開所時間を超えて 30 分以上の延長保育を実施しており、延長時間内の平均対象児童数が 1 人以上いること。

※事業実施月数（1 月に満たない端数を生じたときは、1 月とする）が 12 月に満たない場合には、基準額ごとに算定された金額

に「事業実施月数÷12」を乗じた額（1円未満切捨て）とする。

　注意点としては、上記で「平均対象児童数が○人以上いること」とは、定員ではなく「利用実績」ベースでの算定となることです。よって、例えば1時間延長の場合、「平均対象児童数が6人以上いること」とは、「定員6人以上」という意味ではなく、「延長保育を利用する児童が実績として6人以上いること」という意味となります。

　なお、複数の延長時間区分に該当する場合は、「最も長い延長時間の区分」が適用されることとなります。

　また、加算の受給にあたっては、当該延長時間においても保育士その他の保育従事者を人員基準により配置し、さらにそのうち保育士を1/2以上とする必要があります。さらに、保育されている児童が1人である場合を除き、「常時2人以上」の保育従事者を配置することが必要ですので、留意する必要があります。

　ちなみに、延長保育加算を受給するために延長保育を実施したことにより発生した必要な経費の一部（食事代、おむつ代等）については「保護者負担」とすることができます。

イ．夜間保育加算

　夜間保育加算は、夜間の保育ニーズが高い業態や地域に対応するため、「開所時間が11時間（13時間開所の場合は13時間）」であり、かつ「22時まで開所している」企業主導型保育所に対する加算となります。

　この「22時まで」というのは、当該保育所の基本的な開所時間によって設定されます。そのため、11時間開所の保育所の場合はその11時間の「終了時刻」、13時間開所の保育所の場合はその13時間の「終了時刻」が22時までででなければならない、という解釈となります。

　なお、上記「終了時刻」には前述の「延長保育加算」による延長時

間等の「終了時刻」は含まれませんので注意が必要です。

〇例：午前8時から22時まで延長保育を含めて開所している事業
　　所の場合
　① 8時から19時を基本開所時間とし、19時から22時を延長保
　　育とした場合
　　　→ 受給不可
　② 8時から11時を延長保育とし、11時から22時を基本開所時
　　間とした場合
　　　→ 受給可

　上記だけ見ると②として設定したほうが有利ですが、基本開所時間
は、「事業者の就労形態に基づき最も利用が想定される普遍的な開所
時間」を指しているため、「8時から11時」と「19時から22時」を
比較し、実際の利用者について前者のほうが恒常的に多くなる場合に
は指導・監査時に指摘を受ける可能性があるため、注意が必要です。

　職員配置は通常の保育時間と同様の人員配置基準となり、また児童
の仮眠のため、「布団・毛布等」ならびに「入浴のための設備等」が
必要となります。さらに、夜間までの保育である関係上、対象児童に
対して適宜「間食または給食等」を提供することが求められます。

　ちなみに、夜間保育加算は延長保育加算とは異なり、開所時間内の
夜間保育において保護者に対して別途夜間保育料等を請求することは
できませんので、ご注意ください。

ウ. 非正規労働者受入推進加算

　企業主導型保育所の定員内に「非正規労働者（アルバイト、パート
タイマー、契約社員、派遣社員等）」の児童を優先的に入所させるた
めの定員枠を設け、かつ、それを周知している保育所が対象となりま
す。

この加算は他の加算と少し性質が異なり、定員が埋まっている場合ではなく、「当該非正規労働者の優先入所定員枠」に空きがある場合にその一部を補填するという加算です。そのため、実際に入所があり定員が埋まった場合は逆に加算は支給されなくなります。

　具体的には、例えば非正規労働者の退職によって一時的にその定員枠が空いてしまった場合、「その定員が次に埋まった月（月初日に埋まった場合はその前月）」までの空いている期間を対象に加算します。

　なお、非正規労働者の優先入所定員枠については、「やむを得ない事情がある場合」には正規労働者の子どもを入所させることも可能です。しかし、恒常的に正規労働者の枠となっている場合には（当然ですが）非正規労働者の優先枠とは見なされないので、ご注意ください。

エ．病児保育加算

　企業主導型保育所の施設内において、「病児保育事業の実施について（平成27年7月17日雇児発0717第12号）」に準じ、「保育を必要とする乳児、幼児または保護者の労働もしくは疾病その他の事由」により、家庭において保育を受けることが困難となった児童であって、疾病にかかっているものについて、病児保育を提供した場合に受給できる加算となります。

　主な加算必要要件は上記資料に記載されています。

　病児保育は主に下記の3つの事業類型に分類されます。

　1．病児対応型

　児童が病気の「回復期に至らない場合」であり、かつ、当面の症状の急変が認められない場合において、当該児童を企業主導型保育所を提供する施設に付設された専用保育室および安静室等で一時的に保育する事業

　２．病後児対応型

　児童が病気の「回復期」であり、かつ、集団保育が困難な期間において、当該児童を企業主導型保育所を提供する施設に付設された専用保育室およ安静室等で一時的に保育する事業

　３．体調不良児対応型

　児童が保育中に微熱を出すなど「体調不良」となった場合において、安心かつ安全な体制を確保することで、企業主導型保育所における緊急的な対応を図る事業および企業主導型保育所に通所する児童に対して保健的な対応等を図る事業

　上記のうち複数の事業類型に該当する病児保育を運営することも可能ですが、その場合、それぞれの基準を満たさなければ重複して受給することはできませんので、ご注意ください。

　また、病児保育において必要な職員配置は次のとおりとなります。

　原則としてこの職員は「専任職員」として常駐させておくことが必要となりますので、注意が必要です。

　１．病児対応型

　病児の看護を担当する看護師、准看護師、保健師または助産師（以下、「看護師等」）を利用児童おおむね10人につき1名以上配置するとともに、保育士を利用児童おおむね3人につき1名以上配置

　２．病後児対応型

　病後児の看護を担当する看護師等を利用児童おおむね10人につき1名以上配置するとともに、保育士を利用児童おおむね3人につき1名以上配置

　３．体調不良児対応型

　看護師等を1名以上配置（ただし、預かる体調不良児の人数は看護師等1名に対して2名程度）

なお、「医療機関等が実施する企業主導型保育所」における「病児対応型」および「病後児対応型」については、利用児童が見込まれる場合に近接医療機関等から看護師等が駆け付けられる等の迅速な対応が可能な場合には、専任職員が近接医療機関等で病児保育以外の業務を補助的に行うことが可能です。

オ．預かりサービス加算

　保育所等を利用していない家庭における、日常生活上の突発的な事情や社会参加および保護者の育児疲れの負担軽減の支援のため、企業主導型保育所を実施する施設内で当該児童を一時的に預かる場合に受給できる加算です。

　また、普段保育所等を利用している児童についても、その利用している保育所等が閉所している夜間や休日など、通常の保育サービス等が受けられない時間・曜日には一時預かり事業を利用することが可能で、その場合にも受給できます。

　預かりサービスの実施にあたっては「一時預かり事業の実施について（平成27年7月17日27文科初第238号・雇児発0717第11号）」に準じて運営をするものとされています。

　預かりサービスについては、主に下記の2つの事業類型に分類されます。

1．一般型
　専用の保育室等を確保したうえで、配置基準に基づく人員配置を専任で配置を行う施設（預かりサービス専用の部屋と人員を確保する場合）
→企業主導型保育事業の職員（保育従事者に限る）による支援を受けられる場合、保育士1人で対応できる乳幼児数の範囲内において、保育従事者を保育士1人とすることができ、さらに1日当たり平均利用児童数が概ね3人以下である場合には「家庭的保育事

業等の設備及び運営に関する基準」23条第2項に定める「市町
村長が行う研修を修了した保育士と同等以上の知識及び経験を有
すると市町村長が認めた者」を保育士とみなすことができます。

2．余裕活用型

　企業主導型保育所において、当該保育所の利用児童数が利用定員
総数に満たない施設（定員の空きを利用する場合）

→ 通常の人員配置基準に基づく人員配置が求められます。

カ．賃借料加算

　企業主導型保育所に係る建物が「賃借物件」であり、かつ賃貸料が
発生している場合に受給できる加算となります。

　賃借料加算は定員に応じた区分になっており、区分ごとに上限金額
は異なります。

キ．保育補助者雇上強化加算

　保育士の業務負担を軽減することで保育士の離職防止を図り、保育
人材の確保を行うことを目的として、保育士の勤務環境改善に取り組
み、かつ以下の1から3の要件をすべて満たす者を「保育士の補助を
行う者（以下「保育補助者」）」として、人員基準において定める職員
とは別に配置した場合に受給できる加算です。

1．保育士資格を有していない者であること。
2．原則として勤務時間が週30時間程度かつ1カ月120時間程度
　であること。
3．子育て支援員研修（地域保育コースのうち地域型保育）等の必
　要な研修を修了した者または受講予定者（加算を申請する年度お
　いて受講を予定している者に限る）であること。

保育補助者が保育士の補助の業務として保育に従事することも可能ですが、その場合は保育従事者の配置基準の人数に算定することはできません。また、逆に配置基準の人数に含まれた場合、その人員は（その月において）加算の対象とはできませんので、注意が必要です。

ちなみに、保育補助者は原則として当該業務に専任する職員を配置する必要がありますが、「複数の職員を常勤換算して週30時間の勤務時間になるように配置すること」や「週40時間の雇用を行い、10時間は他の業務を行うこと」なども可能です。

また、「幼稚園教諭（保育士資格なし）」や「看護師」を配置して保育補助を行うことも可能ですが、その場合にも子育て支援員研修の受講は必要となります。

ク．防犯・安全対策強化加算

企業主導型保育所における事故防止や事故後の検証および防犯対策の強化のため、ビデオカメラやベビーセンサーの設置等を行う場合に、各施設1回に限り受給することができる加算です。

防犯・安全対策のための設備、備品であれば対象となりますが、加算の上限額は中小企業事業主は20万円、中小企業事業主以外は10万円となります。対象経費と設置場所の基準は下記のとおりです。

１．対象経費

　主として事故防止や事故後の検証または防犯のためのビデオカメラ、レコーダー、モニターの設置、事故防止のためのベビーセンサーの設置など、事故防止、事故後の検証および防犯対策の強化のための設備の設置等に係る費用であること。

２．設置場所

　本加算の目的に鑑み、「重大な事故が起きやすい場所（子どもが食事・午睡を行う場所やプール・水遊びを行う場所など）」「来所者の出入りが想定される場所（門扉、玄関等）」に設置すること。

ケ．運営支援システム導入加算

　施設における業務のICT化を推進することにより、保育士の業務負担の軽減を図るため、運営支援システムを導入する場合に、各施設1回に限り受給することができる加算です（ただし、中小企業事業主が設置する事業所に限ります）。

　○対象経費
　以下のa）からc）までに掲げるすべての機能を有するシステムを導入するために要した費用（システムの導入に必要な端末の購入費用等を含む）であること。
　　a）保育に関する計画・記録に関する機能
　　b）園児の登園および降園の管理に関する機能
　　c）保護者との連絡に関する機能

コ．連携推進加算

　児童育成協会への各種助成申請手続、提携する企業間の情報共有等の連携、地域枠の児童の受入れ、設置している自治体への情報提供など、企業主導型保育事業の実施・連携を図るうえで必要な職員（連携推進員）を、配置基準人数に加えて別途配置した場合に受給できる加算です。

　配置する職員の常勤・非常勤の別は問いませんが、例えば常勤職員が1日8時間、週40時間、月160時間勤務していたとすれば、非常勤の連携推進員の勤務時間を合計して、当該常勤職員の勤務時間以上の時間数である必要があります。

　また、勤務場所は当該保育施設内に限っており、行政手続等のための外出の場合を除いて当該保育施設に常駐している必要があります。

　役員、園長、保育士が事務的な業務を行っている場合であっても当

該職員は本加算の対象とはなりませんので、注意が必要です。

　なお、連携推進員については基本的に専従となりますが、連携推進業務を行っていない時間帯において保育の補助（保育ではなくあくまで保育者の補助的な業務）に入ることは可能です。

サ．改修支援加算

　企業主導型保育事業を実施するための建物の改修等を行った場合に受給できる加算です。

　その性質上、改修等した保育施設において 10 年以上継続して企業主導型保育事業を実施する場合にのみ受給することができ、また加算受給の期間は事業実施後の連続する 10 年間が限度となっています。

　なお、もし 10 年未満で企業主導型保育事業を廃止する場合、本加算に係る助成金の全部または一部を児童育成協会に返還しなければならないこともあります。

シ．改修実施加算

　下記の「賃借料加算」と「共同設置・共同利用連携加算」に分かれています。整備費と併せて助成を受けられます。

　ア　賃借料加算

　企業主導型保育事業を実施するための建物の改修等を行う際の工事着工から工事完了までの期間の賃借料について、各施設 1 回に限り受給することができる加算です。

　イ　共同設置・共同利用連携加算

　企業主導型保育事業を実施するための建物の改修等を行うにあたり、中小企業事業主が他の企業との共同設置、共同利用について企業間で検討、相談、準備等を行った場合に各施設 1 回に限り受給することができる加算です。

ス．処遇改善等加算

　こちらについては要件が複雑なため、別途解説致します。

　それぞれの加算の単価については次の表にまとめてありますので、ご参照ください（「企業主導型保育事業費補助金実施要綱」令和3年7月20日より）。

④　延長保育加算
（1事業当たり年額）

延長時間区分	定員20人以上	定員19人以下	
		保育士比率100%	保育士比率100%未満
30分	276,000円	276,000円	276,000円
1時間	1,532,000円	1,229,000円	1,229,000円
2〜3時間	2,408,000円	1,523,000円	1,523,000円
4〜5時間	5,052,000円	3,904,000円	3,904,000円
6時間以上	5,948,000円	4,536,000円	4,536,000円

⑤　夜間保育加算
（1人当たり月額）

定員区分	年齢区分	基準額
6〜12人	3歳以上児	47,890円
	3歳未満児	45,790円
13〜19人	3歳以上児	33,350円
	3歳未満児	31,240円
20〜30人	3歳以上児	24,210円
	3歳未満児	22,100円
31〜40人	3歳以上児	20,260円
	3歳未満児	18,150円
41〜50人	3歳以上児	17,890円
	3歳未満児	15,790円
51〜60人	3歳以上児	16,310円
	3歳未満児	14,210円
61人〜	3歳以上児	15,180円
	3歳未満児	13,080円

⑥ **非正規労働者受入推進加算**

（1事業当たり月額）

非正規受入定員区分	基準額
1人	8,000 円
2人	16,000 円
3人	24,000 円
4人	32,000 円
5人	40,000 円
6人	48,000 円
7人	56,000 円
8人	64,000 円
9人	72,000 円
10人以上	80,000 円

⑦ **病児保育加算**

ア 病児対応型（1事業当たり年額）

（ア）基本分　　　7,041,000 円

（イ）加算分

年間延べ利用児童数	基準額
50 人以上 100 人未満	1,000,000 円
100 人以上 150 人未満	1,500,000 円
150 人以上 200 人未満	2,000,000 円
200 人以上 300 人未満	3,000,000 円
300 人以上 400 人未満	4,000,000 円
400 人以上 500 人未満	5,000,000 円
500 人以上 600 人未満	6,000,000 円
600 人以上 700 人未満	7,000,000 円
700 人以上 800 人未満	8,000,000 円
800 人以上 900 人未満	9,000,000 円
900 人以上 1,000 人未満	10,000,000 円
1,000 人以上 1,100 人未満	11,000,000 円
1,100 人以上 1,200 人未満	12,000,000 円
1,200 人以上 1,300 人未満	13,000,000 円
1,300 人以上 1,400 人未満	14,000,000 円
1,400 人以上 1,500 人未満	15,000,000 円

1,500 人以上 1,600 人未満	16,000,000 円
1,600 人以上 1,700 人未満	17,000,000 円
1,700 人以上 1,800 人未満	18,000,000 円
1,800 人以上 1,900 人未満	19,000,000 円
1,900 人以上 2,000 人未満	20,000,000 円
2,000 人以上	20,900,000 円

※ 2,000 人以上の場合は別途協議

イ　病後児対応型（1 事業当たり年額）

（ア）基本分　　　5,189,000 円

（イ）加算分

年間延べ利用児童数	基準額
50 人以上 100 人未満	1,300,000 円
100 人以上 150 人未満	1,410,000 円
150 人以上 200 人未満	1,880,000 円
200 人以上 300 人未満	2,820,000 円
300 人以上 400 人未満	3,760,000 円
400 人以上 500 人未満	4,700,000 円
500 人以上 600 人未満	5,640,000 円
600 人以上 700 人未満	6,580,000 円
700 人以上 800 人未満	7,520,000 円
800 人以上 900 人未満	8,460,000 円
900 人以上 1,000 人未満	9,400,000 円
1,000 人以上 1,100 人未満	10,340,000 円
1,100 人以上 1,200 人未満	11,280,000 円
1,200 人以上 1,300 人未満	12,220,000 円
1,300 人以上 1,400 人未満	13,160,000 円
1,400 人以上 1,500 人未満	14,100,000 円
1,500 人以上 1,600 人未満	15,040,000 円
1,600 人以上 1,700 人未満	15,980,000 円
1,700 人以上 1,800 人未満	16,920,000 円
1,800 人以上 1,900 人未満	17,860,000 円
1,900 人以上 2,000 人未満	18,800,000 円
2,000 人以上	19,646,000 円

※ 2,000 人以上の場合は別途協議

ウ　体調不良児対応型（1 事業当たり年額）　　　4,499,000 円

⑧ 預かりサービス加算

ア　一般型（1事業当たり年額）

年間延べ利用児童数	基準額
300 人未満	2,676,000 円
300 人以上 900 人未満	3,024,000 円
900 人以上 1,500 人未満	3,240,000 円
1,500 人以上 2,100 人未満	4,680,000 円
2,100 人以上 2,700 人未満	6,120,000 円
2,700 人以上 3,300 人未満	7,560,000 円
3,300 人以上 3,900 人未満	9,000,000 円
3,900 人以上 4,500 人未満	10,440,000 円
4,500 人以上 5,100 人未満	11,880,000 円
5,100 人以上 5,700 人未満	13,320,000 円
5,700 人以上 6,300 人未満	14,760,000 円
6,300 人以上 6,900 人未満	16,200,000 円
6,900 人以上 7,500 人未満	17,640,000 円
7,500 人以上 8,100 人未満	19,080,000 円
8,100 人以上 8,700 人未満	20,520,000 円
8,700 人以上 9,300 人未満	21,960,000 円
9,300 人以上 9,900 人未満	23,400,000 円
9,900 人以上 10,500 人未満	24,840,000 円
10,500 人以上 11,100 人未満	26,280,000 円
11,100 人以上 11,700 人未満	27,720,000 円
11,700 人以上 12,300 人未満	29,160,000 円
12,300 人以上 12,900 人未満	30,600,000 円
12,900 人以上 13,500 人未満	32,040,000 円
13,500 人以上 14,100 人未満	33,480,000 円
14,100 人以上 14,700 人未満	34,920,000 円
14,700 人以上 15,300 人未満	36,360,000 円
15,300 人以上 15,900 人未満	37,800,000 円
15,900 人以上 16,500 人未満	39,240,000 円
16,500 人以上 17,100 人未満	40,680,000 円
17,100 人以上 17,700 人未満	42,120,000 円
17,700 人以上 18,300 人未満	43,560,000 円

18,300 人以上 18,900 人未満	45,000,000 円
18,900 人以上 19,500 人未満	46,440,000 円
19,500 人以上 20,100 人未満	47,880,000 円

※ 20,100 人以上の場合は別途協議

（イ）特別支援児童（障害児・多胎児）加算（児童1人当たり日額 3,600 円）

イ　余裕活用型（児童1人当たり日額）

（ア）基本分　　　2,400 円

（イ）特別支援児童（障害児・多胎児）加算（児童1人当たり日額）

3,600 円

⑨　賃借料加算

（1事業当たり年額）

定員区分	加算額
6〜12人	2,390,000 円
13〜19人	4,021,000 円
20〜30人	4,168,000 円
31〜40人	4,967,000 円
41〜50人	5,617,000 円
51〜60人	5,617,000 円
61人〜	5,794,000 円

⑩　保育補助者雇上強化加算

（1事業当たり年額）　　　2,333,000 円

⑪　防犯・安全対策強化加算

ア　中小企業事業主（1事業当たり年額）　　200,000 円

イ　ア以外（1事業当たり年額）　　100,000 円

⑫　運営支援システム導入加算

　　（中小企業事業主に限る。1事業当たり年額）　　　1,000,000 円

⑬　連携推進加算

　　（1事業当たり年額）　　　4,647,000 円

⑭　改修支援加算

　以下のア及びイの合計額と、建物の改修等に要した費用に 3/4 を乗じた額を比較していずれか少ない方の額に 1/10 を乗じた額
※事業実施年度から連続する 10 年間を限度として加算する。

　　ア　基本分

　　　定員 19 名以下　　　　　　15,000 千円

　　　定員 20 名以上 59 名以下　　24,000 千円

　　　定員 60 名以上　　　　　　45,000 千円

　　イ　加算分

　　　児童の安全性を考慮する等、建物の入口周辺等を児童向けの環境に整備した場合　　11,380 千円

⑮　改修実施加算

　　ア　賃借料加算

　　「⑨賃借料加算」の定めに準じた額

　　※賃貸物件を改修等した場合において、改修工事の着工から完了までの期間の賃借料について、⑭改修支援加算の申請初年度に限り加算する。

　　イ　共同設置・共同利用連携加算　　　1,000 千円

　　※中小企業事業主が他の企業との共同設置、共同利用について、企業間で検討、相談、準備等を行う場合に加算する。

　　※⑭改修支援加算の申請初年度に限り加算する。

(2) 処遇改善等加算について

　処遇改善等加算は保育人材の確保および保育人材の資質の向上を図り、質の高い保育を安定的に供給していくことで、「長く働くことができる職場環境を構築する」ということを主目的にしています。

　他の加算と同様、要件を満たすことで受給可能ですが、「人件費に対しての加算」を行う、という点で他の加算とは大きく異なります。企業主導型保育事業に係る助成金は、基本的にその使途を制限しないこととしていますが、処遇改善等加算に係る加算額については、「確実に職員（非常勤職員および法人の役員等を兼務している職員を含む）の賃金改善に充てる」ものとされています。

　処遇改善等加算は「処遇改善等加算Ⅰ」と「処遇改善等加算Ⅱ」に分かれており、それぞれ次に要件を解説していきます。

ア．処遇改善等加算Ⅰの加算要件

　下記の(1)～(11)までの要件をすべて満たす必要があります。

---

　(1)　原則として、次に掲げる要件を満たす「賃金改善を実施する計画」を策定していること。
　ア　基準年度（当該保育所において最初に処遇改善等加算Ⅰを取得した年度の前年度）の職員（非常勤職員および法人の役員等を兼務している職員を含む。以下同じ）の賃金水準に対して改善するものであること。
　イ　(2)のイにより算定される「賃金改善見込額」が(2)のアにより算定される加算見込額以上であること。
　(2)　賃金改善の具体的内容について以下ア～オの事項を記載した「賃金改善計画書（処遇改善等加算Ⅰ）」を作成し、職員に対して当該計画の内容について周知を行うこと。
　ア　加算見込額

（算式）

「当該年度における各月初日の利用子ども数の見込みをもとに算出した平均利用児童数」×「処遇改善等加算Ⅰ定員別加算額」×「12月（賃金改善実施期間が12月に満たないときは、開所したときから直近の3月までの月数）」

※年齢区分ごとに算出した額を合算し、千円未満の端数は切り捨て

　イ　賃金改善見込額

　　　各施設・事業所において賃金改善実施期間における賃金改善に要する見込額（当該改善に伴う法定福利費等の事業主負担増加額を含み、後述する処遇改善等加算Ⅱによる賃金改善見込み額を除く）の総額

　ウ　賃金改善を行う給与項目

　　　増額もしくは新設したまたはする予定である給与の項目の種類（基本給、手当、賞与または一時金等）を記載すること。なお、法人の役員を兼務している職員については、本加算を役員報酬に充ててはならないこと。

　エ　賃金改善実施期間

　　　4月から翌年3月まで

　　※年度の途中に開所した保育所については、開所したときから直近の3月まで

　オ　賃金改善を行う方法

　　　賃金改善の実施時期や1人当たりの賃金改善見込額を可能な限り具体的に記載すること。

(3)　(2)のアの平均利用児童数の算出にあたっての「各月初日の利用児童数の見込み」については、過去の実績等を勘案し、実態に沿ったものとすること。

(4)　(5)アの加算実績額と(5)オの賃金改善の実施に要した費用の総額を比較して差額が生じた（加算額が余った）場合については、その全額を協会へ返還すること。

(5)　年度終了後速やかに、児童育成協会に対して以下ア〜キの事項を
　　含んだ「賃金改善実績報告書（処遇改善等加算Ⅰ）」を提出すること。

　　ア　加算実績額

　　　　当該年度における実際の利用児童数に応じた処遇改善等加算Ⅰ
　　　の総額（実績）とする。

　　イ　賃金改善実施期間

　　ウ　イの期間における次の事項

　　　　a）対象となる職員の総数

　　　　b）賃金改善を実施した職員数

　　　　c）職員に支給した賃金総額

　　　　d）職員一人当たりの賃金月額

　　エ　実施した賃金改善の方法

　　オ　エの実施に要した費用の総額

　　　　※賃金改善に伴う法定福利費等の事業主負担増加額を含み、処遇
　　　　改善等加算Ⅱによる賃金改善額を除く。千円未満の端数は切り
　　　　捨て

　　　　※下記のa）からb）を控除した額を賃金改善の実施に要した費
　　　　用の総額とすること。また、法定福利費等の事業主負担増加額
　　　　の計算に当たっては保育所の賃金改善方法等に応じた適切な方
　　　　法によること。

　　　　　a）賃金改善を行った場合の賃金の総額（法定福利費等の事業
　　　　　主負担額を含み、処遇改善等加算Ⅱによる賃金改善額を除く。）

　　　　　b）基準年度における賃金水準を適用した場合の賃金の総額
　　　　　（法定福利費等の事業主負担額を含む。）

　　カ　アの加算実績額とオの賃金改善の実施に要した費用の総額の差
　　　額（残額が生じた場合に限る。）

　　キ　職員1人当たりの賃金改善額

(6)　賃金改善の対象となる職員については、その職種にかかわらず、
　　保育所に勤務する職員（非常勤職員および法人の役員等を兼務して

いる職員を含む）とすること。なお、法人の役員を兼務している職員については、本加算を役員報酬に充ててはならないこと。

　また、賃金改善を実施する職員の範囲については、各施設・事業所の実情に応じて決定するものとすること。

(7)　賃金改善要件分に係る支給を受けた施設・事業所は、賃金改善に係る収入および支出を明らかにした帳簿を備え、当該収入および支出について証拠書類を整理し、かつ当該帳簿および証拠書類を実績報告後5年間保管しておかなければならないこと。

(8)　複数の保育所の助成決定を受けた事業実施者である場合は、(5)のアの加算実績額の合計額の範囲で、同一事業実施者が設置した複数の保育所間で配分を行うことができること。なお、この場合には、配分調整後のそれぞれの施設・事業所の加算実績額により、実績報告書を作成することとする。その際、保育所ごとの内訳表を添付すること。

(9)　賃金改善の実施により、当該賃金改善を行う給与の項目以外の給与水準を低下させてはならないこと（ただし、業績に応じて変動することとされている賞与等が当該要因により変動した場合についてはこの限りではない）。

(10)　賃金増加分に対する実際の支払いの時期については、月ごとの支払いのほか一括して支払うことも可能とし、保育所の実情に応じた方法によるものとする。

(11)　次のアおよびイのいずれにも適合していること（これについては児童育成協会に「キャリアパス要件届出書」を提出することまたは後述の処遇改善等加算Ⅱを受けていることをもって、キャリアパス要件に適合したものとされる）。

　ア　次のa〜cに掲げる要件のすべてに適合すること。

　　a）施設・事業所職員の職位、職責または職務内容等に応じた勤務条件等の要件（保育所職員の賃金に関するものを含む）を定めていること。

　b）上記a）に掲げる職位、職責または職務内容等に応じた賃金
　　体系（一時金等の臨時的に支払われるものを除く）について定
　　めていること。
　c）上記a) およびb）の内容について就業規則等の明確な根拠規
　　定を書面で整備し、すべての職員に周知していること。
イ　次に掲げる要件のすべてに適合すること。
　a）職員の職務内容等を踏まえ、当該職員と意見を交換しながら、
　　資質向上の目標および次のi) およびⅱ）に掲げる具体的な計画
　　を策定し、当該計画に係る研修（通常業務中に行うもの（＝
　　OJT）を除き、教育に係る長期休業期間に行うものを含む）の
　　実施または研修の機会を確保するよう努めること。
　　ⅰ）資質向上のための計画に沿って、研修機会の提供または技
　　　術指導等を実施するとともに、職員の能力評価を行うこと。
　　ⅱ）保育士資格等を取得しようとする者がいる場合は、資格取
　　　得のための支援（研修受講のための勤務シフトの調整、休暇
　　　の付与、費用（交通費、受講料等）の援助等）を実施すること。
　b）上記a）について、すべての職員に周知していること。

イ．処遇改善等加算Ⅱの要件

○前提条件：加算対象職員数
　処遇改善等加算Ⅱの算定のためには、まず「加算額の算定に用いる
職員の数＝加算対象職員」が何人となるかを算出する必要があります。
　計算方法は以下のとおりです。

　　加算額の算定に用いる職員の数については、定員規模に応じて下記
　により算出される人数（1人未満の端数がある場合には四捨五入）を
　基礎とし、これに、「人数A（月額48,860円以上賃金改善する職員）」
　については1/3、「人数B（月額6,110円以上賃金改善する職員）」

については1/5を乗じて得た人数とする（これらに1人未満の端数が
ある場合には四捨五入。ただし、四捨五入した結果が「ゼロ」となる
場合は「1」とする）。また、下記のによる算出にあたって使用する年
齢別児童数は、当該年度4月時点又は各月平均の年齢別児童数、各種
加算の適用状況については当該年度4月時点（当該年度の4月時点で
開所していない場合には、開所時点）における適用状況による。

ア　保育所の利用定員が19人以下の場合

以下の①～③の合計に1.3を加えた人数

①年齢別配置基準による職員数　※以下をすべて足した数

- 4歳以上児数×1/30（小数点第2位以下切捨て）
- 3歳児×1/20（小数点第2位以下切捨て）
- 1・2歳児数×1/6（小数点第2位以下切捨て）
- 乳児数×1/3（小数点第2位以下切捨て）＋1（小数点第1位
  以下四捨五入）

②週7日間開所の場合　＋0.5

③食事の提供について自園調理以外の方法により行っている場合
　－1

イ　保育所の利用定員が20人以上の場合

以下の①から③の合計に、定員40人以下の場合は1.5、定員41
人以上の場合は2.5を加えた人数

①年齢別配置基準による職員数　※以下をすべて足した数

- 4歳以上児数×1/30（小数点第2位以下切捨て）
- 3歳児×1/20（小数点第2位以下切捨て）
- 1・2歳児数×1/6（小数点第2位以下切捨て）
- 乳児数×1/3（小数点第2位以下切捨て）＋1（小数点第1位
  以下四捨五入）

②週7日間開所の場合　＋0.5

③食事の提供について自園調理以外の方法により行っている場合
　定員40人以下・・・－1

定員41人以上・・・－2

処遇改善等加算Ⅱの加算要件として、下記(1)～(4)をすべて満たす必要があります。

(1)　次のア～ウに掲げる要件を満たす賃金改善を実施する計画を策定していること。

　　ア　加算対象職員（副主任保育士、専門リーダー、職務分野別リーダーまたはこれらに相当する職位の発令や職務命令を受けている職員をいう）の基準年度（当該保育所において最初に処遇改善等加算Ⅱを取得した年度の前年度）における賃金（基準年度の翌年度以降に採用された新規職員については、基準年度に適用されていた賃金算定のルールを当該新規職員に適用した場合の賃金）に対して改善するものであること。

　　イ　下記(11)イにより算定される賃金改善見込額が、(11)アにより算定される加算見込額以上であること。

　　ウ　下記(2)から(9)を満たすものであること

(2)　副主任保育士、専門リーダーおよびこれらに相当する職位（以下「副主任保育士等」とする）ならびに職務分野別リーダーおよびそれに相当する職位（以下「職務分野別リーダー等」とする）については、発令や職務命令が行われていること。

(3)　副主任保育士等および職務分野別リーダー等については、下記アおよびイの要件を満たすものとなっていること。ただし、経験年数に係る要件について、保育所の職員の構成・状況を踏まえ、当該保育所の判断で柔軟な対応が可能であること。なお、職員の経験年数の算定に当たっては、下記ウのとおり取り扱うこと。

　　ア　副主任保育士等については、概ね7年以上の経験年数を有するとともに、別に定める研修を修了していること。

　　イ　職務分野別リーダー等については、概ね3年以上の経験年数を

有し、「乳児保育」「幼児教育」「障害児保育」「食育・アレルギー」「保健衛生・安全対策」「保護者支援・子育て支援」のいずれかの分野を担当するとともに、別に定める研修を修了していること。

　　ただし、研修に係る要件については、研修受講の重要性と円滑な要件の適用を考慮して、研修要件を段階的に適用することとし、副主任保育士・中核リーダー等については2023年度、職務分野別リーダー・若手リーダーについては2024年度を適用開始年度とする。（副主任保育士・中核リーダー等については、初年度に求める研修修了数は1分野（15時間以上）とし、2024年度以降、毎年度1分野（15時間以上）ずつ必要となる研修修了数を引き上げる。）

ウ　個々の職員の経験年数の算定にあたっては、子ども・子育て支援法7条4項に定める教育・保育施設、同条5項に定める地域型保育事業を行う事業所および同法30条1項4号に定める特例保育を行う施設における勤続年数のほか、当該職員の以下のa〜eの施設・事業所における経験年数を合算するものとすること。

　　a）学校教育法第1条に定める学校及び同法124条に定める専修学校における勤続年数

　　b）社会福祉法第2条に定める社会福祉事業を行う施設・事業所における勤続年数

　　c）児童福祉法第12条の4に定める施設における勤続年数

　　d）認可外保育施設（児童福祉法59条第1項に定める認可外保育施設のうち、地方公共団体における単独保育施策による施設、認可外保育施設指導監督基準を満たす旨の証明書の交付された施設（企業主導型保育所を含む）および幼稚園に併設された施設）における勤続年数および教育・保育施設または地域型保育事業に移行した施設・事業所における移行前の認可外保育施設として運営していた期間の勤続年数

　　e）医療法に定める病院、診療所、介護老人保健施設および助産所における勤続年数（保健師、看護師または准看護師に限る）

(4)　加算対象職員については、保育士に限るものではなく、看護師や調理員、栄養士、事務職員等も対象となること。

(5)　副主任保育士等に係る賃金改善額は原則として月額4万円とすること。

　　　ただし、保育所における職員の経験年数・技能および給与実態等を踏まえ、施設・事業所が必要と認める場合には、月額4万円の賃金改善を行う職員数を、加算対象職員「人数A」に2分の1を乗じて得た人数（1人未満の端数は切り捨て）確保したうえで、その他の技能・経験を有する職員（園長以外の管理職（主任保育士）、副主任保育士等および職務分野別リーダー等に限る）について月額5千円以上月額4万円未満の賃金改善額とすることができること。

　　　なお、園長以外の管理職（主任保育士）については、副主任保育士等の賃金とのバランス等を踏まえて必要な場合に限って処遇改善を行うことが可能であること。

(6)　職務分野別リーダー等に係る賃金改善額は原則として月額5千円とすること。ただし、その他の技能・経験を有する職員として、副主任保育士等にかかる加算額の配分を受ける場合は、月額5千円以上とすることができるが、その場合は、副主任保育士等に係る賃金改善額のうち最も低い額を超えないこと。また、職務分野別リーダー等の人数は、加算対象職員「人数B」以上とすること。

(7)　2022年度までの間の特例として、加算実績額の20％（10円未満の端数切捨て）については、同一事業実施者が設置した複数の企業主導型保育所の間で費用配分を行うことができること。

(8)　賃金改善が役職手当、職務手当など職位、職責、職務内容等に応じて、決まって毎月支払われる手当または基本給により行われるものであること（一時金は対象とならない）。

(9)　賃金改善の実施により、当該賃金改善を行う給与の項目以外の給与水準を低下させてはならないこと。ただし、業績に応じて変動することとされている賞与等が当該要因により変動した場合について

はこの限りではない。

⑽ 保育所職員の職位、職責、職務内容等に応じた勤務条件等の要件（施設・事業所職員の賃金に関するものを含む）およびこれに応じた賃金体系（一時金等の臨時的に支払われるものを除く）を定め、すべての職員に周知していること。

⑾ 賃金改善の具体的内容について以下の事項を記載した「賃金改善計画書（処遇改善等加算II）」を作成し、職員に対して当該計画の内容（下記ア〜オ）について周知を行うこと。

ア　加算見込額・・・以下a）およびb）の合計額

　　a）副主任保育士等

　　　48,740円×実施月数×人数A（千円未満の端数は切捨て）

　　b）職務分野別リーダー等

　　　6,090円×実施月数×人数B（千円未満の端数は切り捨て）

イ　賃金改善見込額

　　以下のa）およびb）の合計額

　　a）各保育所において賃金改善実施期間における副主任保育士等および園長以外の管理職（主任保育士）に係る賃金改善に要する見込額の総額（役職手当、職務手当など職位、職責、職務内容等に応じて決まって毎月支払われる手当または基本給による改善額に限る。当該改善額に伴う法定福利費等の事業主負担増加額を含み、処遇改善等加算Iに係る賃金改善見込額を除く）

　　b）各保育所において賃金改善実施期間における職務分野別リーダー等に係る賃金改善に要する見込額の総額（役職手当、職務手当など職位、職責、職務内容等に応じて決まって毎月支払われる手当又は基本給による改善額に限る。当該改善額に伴う法定福利費等の事業主負担増加額を含み、処遇改善等加算Iに係る賃金改善見込額を除く）。

ウ　賃金改善を行う給与項目

　　増額若しくは新設したまたはする予定である給与の項目の種類

（手当または基本給）および金額を記載すること

エ　賃金改善実施期間

賃金改善を実施する月から当該年度の３月まで

オ　賃金改善を行う方法

加算対象職員ごとの職位の名称、職種、賃金改善の項目、賃金改善見込額の算出方法を具体的に記載すること

⑿　下記⒀アの加算実績額（⒀キの受入実績額がある場合は、それを加えた額）と⒀オの賃金改善の実施に要した費用（⒀カの拠出実績額がある場合は、それを加えた額）の総額を比較して差額が生じた場合については、その全額を児童育成協会へ返還すること。

⒀　年度終了後速やかに、児童育成協会に対して以下のア～クの事項を含んだ「賃金改善実績報告書（処遇改善等加算Ⅱ)」を電子申請システムにより提出すること。

ア　加算実績額

当該年度における処遇改善等加算Ⅱの総額（実績）とする。

イ　加算対象職員「人数Ａ」および加算対象職員「人数Ｂ」の数

ウ　賃金改善実施期間

エ　実施した賃金改善の方法

オ　エの実施に要した費用の総額（賃金改善に伴う法定福利費等の事業主負担増加額を含み、処遇改善等加算Ⅰに係る賃金改善額を除く。千円未満は切り捨て）

※次のａ）からｂ）を控除した額を賃金改善の実施に要した費用の総額とすること。また、法定福利費等の事業主負担増加額の計算に当たっては各保育所の賃金改善方法等に応じた適切な方法によること。

ａ）賃金改善を行った場合の副主任保育士等（園長以外の管理職（主任保育士）を含む）および職務分野別リーダー等に対する賃金の総額（法定福利費等の事業主負担額を含み、処遇改善等加算Ⅰに係る賃金改善額を除く。下記カの拠出実績額

がある場合は、それを加えた額）

　　　b）基準年度における賃金水準を適用した場合の副主任保育士
　　　　等および職務分野別リーダー等に対する賃金の総額（法定福
　　　　利費等の事業主負担額を含み、処遇改善等加算Ⅰに係る賃金
　　　　改善額を除く）。

　カ　拠出実績額
　　※下記クにより他の保育所に拠出する費用の実績額
　キ　受入実績額
　　※下記クにより他の保育所から拠出される費用の実績額
　　※上記カおよびキがある場合には、事業者は「同一事業者内にお
　　　ける拠出実績額・受入実績額一覧表」を作成し、「賃金改善実
　　　績報告書（処遇改善等加算Ⅱ）」の添付書類とすること。
　ク　アの加算実績額（キの受入実績額がある場合は、それを加えた
　　　額）とオの賃金改善の実施に要した費用（カの拠出実績額がある
　　　場合はそれを加えた額）の総額の差額（残額が生じた場合に限る）。
⑭　本加算に係る賃金改善に係る収入および支出を明らかにした帳簿
　を備え、当該収入および支出について証拠書類を整理し、かつ当該
　帳簿および証拠書類を実績報告後5年間保管しておかなければなら
　ないこと。

　処遇改善等加算は支給される金額が大きい反面、きちんとした賃金
額への反映や改善内容の報告など、課せられた義務も多いのが特徴の
加算です。しかし、保育士等の保育従事者の賃金改善が必要視されて
いる昨今において、この処遇改善等加算は待遇の改善に大いに役立つ
ものです。
　上記のように要件は非常に煩雑ですが、ぜひ積極的に取得していき
たい加算といえます。

［第3章］

企業主導型保育所の
労務管理

　保育事業はごく小規模で行っているような場合を除き、保育従事者をはじめとした従業員を必ず雇用しなければなりません。

　そこで本書では、企業主導型保育所における「労務管理」について解説していきます。

　まずは「労務管理とは何か」を説明し、従業員の募集、採用、そして採用後において法律（労働関係法令）上で注意しなければならないポイントについて解説していきます。

第1節 「労務管理」とは何か

　よく「労務管理がなっていない」とか、「労務管理が人事のしごと」などという言葉を耳にしますが、そもそも労務管理とは何でしょうか？

　労務管理とは「人材（従業員）の有効活用のための管理」のことをいいます。

　具体的には、従業員の募集、採用に始まり、配置、異動、教育訓練、人事考課、昇進、昇給、賃金や労働時間の管理等、退職に至るまでの一連の流れを適正に管理することです。

　組織は「ヒト」「モノ」「カネ」の３つの経営要素から成り立っていますが、そのうち最も重要なのが「ヒト」つまり人材です。

　経営者がいくら優秀であっても、それだけでは組織は機能しません。組織が発展するためには、従業員（労働者）の協力が不可欠です。

　そして従業員の協力を得るためには、経営者が「従業員」を適正に管理し、動機づけし、事業所そして組織の進むべき方向へと導いていく必要があります。

　言い換えるならば、経営者には組織の重要な資源である「ヒト」をマネジメントする能力が必要不可欠となるといっても過言ではありません。

　しかし、労務管理といっても、その範囲は前述のとおり多岐にわたります。

　そこで本章では、「経営者（または人事担当者）が労務管理で最低限理解しておかなければならない法律上の留意事項」を次の３つの点

に絞って説明していきます。

①従業員の「募集時」に注意すべき点
②従業員の「採用時」に留意すべき点
③従業員の「採用後」に留意すべき点

第2節 労務管理において留意すべきポイント

1 従業員の「募集時」に注意すべき点

(1) 従業員を募集する際の注意点

　ハローワーク等により従業員を募集する際は、次の労働条件に関する項目について明示する必要があります。事業主にとって都合のよい情報だけを掲載することはできませんので、注意が必要です。

1．労働契約の期間に関する事項
2．従事する業務に関する事項
3．就業の場所に関する事項
4．始業および終業の時刻、所定労働時間を超える労働の有無、休憩時間および休日に関する事項
5．賃金（臨時に支払われる賃金、賞与および1カ月を超える期間の出勤成績によって支給される精勤手当、1カ月を超える一定期間の継続勤務に対して支給される勤続手当、1カ月を超える期間にわたる事由によって算定される奨励加給または能率手当を除く）の額に関する事項
6．健康保険法による健康保険、厚生年金保険法による厚生年金、労働者災害補償保険法による労働者災害補償保険および雇用保険法による雇用保険の適用に関する事項

⑵　年齢制限、性別の限定は原則としてNG

　従業員を募集する際に、「○歳以上」や「○歳以下」など、年齢を制限して募集をかけることは原則としてNGです。また、「女性のみ」「男性のみ」といったように、特定の性別のみ募集をすることも原則としてNGとなります。

　ただし、どちらもあくまでも原則なので、例外も存在します。

　例えば、年齢制限なら、職場で一定の年齢層がいないので、技術の承継上どうしてもその年齢層が必要な場合は認められることがあり、性別についても職業の性質上、男性ないし女性でなければならない職種であれば認められることがあります。

　ちなみに、保育士は比較的女性の多い職種ではありますが、「性質上どうしても女性でなければならない職種」とはいえないため、女性のみを募集対象とすることはできません（ただ、実質的にどうしても女性の応募が圧倒的に多いのですが……）。

2　従業員の「採用時」に留意すべき点

⑴　労働条件の明示

　従業員の雇入れ（採用）にあたり、会社は労働条件を「書面により」明示すべきことが義務づけられています。口頭の説明のみではNGということです。

　ただし、すべての労働条件を書面で明示しなければならないわけではありません。

　労働者に関する基本的な法律である「労働基準法」では、次の事項については書面で明示するように義務づけています。

○参考：厚生労働省ホームページより ［明示事項（労働基準法施行規則第5条）］

1	労働契約の期間に関する事項 →（契約期間の定めがある場合にはその期間、ない場合にはその旨）
2	労働契約期間の定めがある場合→更新の有無および更新の基準
3	就業の場所および従事する業務に関する事項 →（雇入れ時における場所、従事する業務についての明示でよい）
4	始業および終業の時刻、所定労働時間を超える労働の有無、休憩時間、休日、休暇ならびに交代制の就業時転換に関する事項 →（各項目に関しての考えかたを示した上で、就業規則上の関係条項名を明示するでもよい）
5	賃金（退職手当および8に掲げるものを除く）の決定、計算および支払いの方法、賃金の締切りおよび支払いの時期、昇給に関する事項 →（基本となる賃金、出来高制の場合は基本単価と保障給、手当を支給する条件と額、時間外、休日、深夜労働に対する割増率、賃金の締切日と支払日）
6	退職に関する事項（解雇の事由を含む） →（退職の事由と手続き、解雇の事由と手続き等を明示）
7	退職手当の定めが適用される労働者の範囲、退職手当の決定、計算および支払いの方法ならびに退職手当の支払いの時期に関する事項
8	臨時に支払われる賃金（退職手当を除く）、賞与および1箇月を超える期間の出勤成績によって支給される精勤手当、1箇月を超える一定期間の継続勤務に対して支給される勤続手当、1箇月を超える期間にわたる事由によって算定される奨励加給または能率手当ならびに最低賃金額に関する事項
9	労働者に負担させるべき食費、作業用品その他に関する事項（※）
10	安全および衛生に関する事項（※）
11	職業訓練に関する事項（パートタイマーについては努力義務）（※）
12	災害補償および業務外の傷病扶助に関する事項（※）
13	表彰および制裁に関する事項（※）
14	休職に関する事項（※）

（※）パートタイマーについては努力義務

短時間労働者（パートタイマー）の場合は、上記にあわせて次の項目が必要です。	
15	昇給の有無
16	退職手当の有無
17	賞与の有無
18	パートタイマーの雇用管理の改善等に関する事項に係る相談窓口

　そのため、一般的に労働条件の通知は口頭ではなく、「雇用契約書」または「労働条件通知書」といった「書面」にして従業員に明示し、取り交わすことになります。

　雇用契約書と労働条件通知書は双方とも上記の明示すべき労働条件を記載した書面であるということは一緒ですが、雇用契約書は事業主と従業員双方が署名捺印（記名押印）を行うのに対し、労働条件通知書は事業主が一方的に従業員に渡すものであるという点で異なります。

　両方とも法的には有効な書面ですので、これだけで見ると「労働条件通知書」のほうが事業主にとっては利便性が高そうですが、もし労使間で何らかのトラブルが発生してしまった場合、「そんな書面はもらっていない！」とか「契約内容が間違っている！合意していない！」というような形で争いになることがありますので、法的なリスクを回避する意味では「雇用契約書」として作成し、従業員に署名捺印をもらっておくことをおすすめします。

　雇用契約書の様式については巻末資料として載せていますので、ご参照ください（228ページ。厚生労働省のフォーマットをベースにして著者の運営する保育所で実際に使用しているものです）。

(2)　労災保険、雇用保険、社会保険への加入

　従業員を採用した場合、会社は所定の公的保険に従業員を加入させる義務があります。

　加入義務のある公的保険は、「労働保険（労災保険・雇用保険）」「社会保険（健康保険・厚生年金保険・介護保険）」です。

【労災保険】

　業務上災害または通勤災害によって、従業員が負傷した場合、疾病にかかった場合、障害が残った場合、死亡した場合等について、被災従業員またはその遺族に対し所定の保険給付を行う制度です。

【雇用保険】

　従業員が失業した場合などに必要な給付（いわゆる「失業保険」）を行うとともに、再就職の援助を行うことなどを目的とした雇用に関する総合的な機能をもった制度です。

【社会保険（健康保険・厚生年金保険・介護保険）】

　社会保険は「健康保険」と「厚生年金保険」「介護保険」に区分されています。

　健康保険は、業務災害以外の病気やケガまたはそれによる休業、出産や死亡といった事態に従業員またはその被扶養者に給付を行う公的な医療保険制度です。

　厚生年金保険は、会社の従業員が加入する公的年金制度であり、基礎年金である国民年金（1階部分）にさらに上乗せして支給される（2階部分）ものです。保険料の一部が自動的に国民年金へ拠出されており、厚生年金保険加入者は、国民年金にも自動的に加入していることになっています。

　「介護保険」は将来介護が必要になった際の「介護サービス」を受けるための費用を負担する制度です。

○公的保険に加入すべき従業員

a．労災保険に加入すべき従業員

　労災保険は、労働時間や勤務日数にかかわらず、すべての従業員が加入しなければなりません。

　労災保険については従業員ごとに個別に加入手続をとることはなく、会社として労災保険加入を手続きしていれば、入社したと同時に自動的に労災保険が適用されることとなっています。

　なお、労災保険料については全額会社負担なので、従業員の負担はありません。

b．雇用保険に加入すべき従業員

　従業員が次の２つのどちらの条件にも該当する場合、雇用保険に加入しなければなりません。

---

①31日以上引き続き雇用されることが見込まれる者であること

②１週間の所定労働時間が20時間以上であること

　なお、雇用保険料は会社の業種ごとに異なり、従業員と会社が一定割合を負担して支払っています。

　ちなみに、従業員が負担する雇用保険料は、保険料の徴収漏れがないよう、従業員に支給する「給与」から事業主が差し引く仕組み（いわゆる「天引き」）となっています。これを「源泉徴収」といい、源泉徴収した雇用保険料については毎年６月１日〜７月10日の間に「労働保険概算・確定申告書」という書類で申告を行うとともに、１年分の雇用保険料・労災保険料を納付書にてまとめて納付することとなります。

C．社会保険に加入すべき従業員

　従業員が次の３つのいずれの条件にも該当する場合、健康保険・厚生年金保険に加入しなければなりません。

---

①１日または１週間の労働時間が正社員の概ね3/4以上であること。

②１カ月の労働日数が正社員の概ね3/4以上であること。

③２カ月以内の雇用期間を定めて雇用される者ではないこと

　※ただし、厚生年金保険は従業員が70歳以上、健康保険は従業員が75歳以上の場合は対象とはなりません。

　健康保険料・厚生年金保険料についても従業員は直接納付は行わず、事業主が「源泉徴収」として従業員に支払う給与から天引きをして納付をすることとなります。

さらに、従業員が上記に該当し、かつ40歳以上である場合は介護保険にも加入する必要があります（65歳になると介護保険料は普通徴収となるため、給与からの源泉徴収はなくなります）。

　健康保険と厚生年金保険（40歳以上の場合は介護保険も）はセットで加入するため、対象外となる場合を除き、「どれか1つ（あるいは2つ）だけ」に加入するということはできません。

　労働保険料（雇用保険料・労災保険料）が、給与額に対して割合で計算するのに対し、社会保険料は「等級」という制度をとっており、例えば給与が21万円～23万円までの方は「22万円」となるというように、一定の範囲内における給与をすべて一律にして（標準報酬）保険料率を掛けて保険料を設定しています。

　なお、健康保険料、厚生年金保険料、介護保険料は「月ごとに」発生するもので、日割りという概念がありません。よって、月の初日に入社しても最終日に入社しても、その月は1カ月分の保険料が発生することになります。

　また、健康保険料、厚生年金保険料、介護保険料は「資格を取得した日（入社日）が属する月」から「資格を喪失した日（退職日）の翌日が属する月の前月」まで発生することなります。そのため、月の末日に退職したのか、途中に退職したのかによって、次のように保険料の支払月が異なりますので注意が必要です。

---

① 4月30日（月の末日）に退職した場合

　→5月1日が喪失日となるため、その前月の「4月分」まで保険料が発生

②4月15日（月の途中）に退職した場合

　→4月16日が喪失日となるため、その前月の「3月分」まで保険料が発生

3　従業員の「採用後」に留意すべき点

(1)　年次有給休暇の付与

　年次有給休暇とは、一定期間勤続した従業員に対して、心身の疲労を回復し、ゆとりある生活を保障するために付与される休暇のことで、「有給」で休むことができる、すなわち取得しても賃金が減額されない休暇のことです。

　有給休暇は正社員・パートタイマーなどの勤務の形式を問わず、すべての従業員に付与されるものとなります。

　年次有給休暇が付与される要件は2つあります。

---

①雇入れの日から6カ月経過していること
②上記期間の全労働日の8割以上出勤したこと

　上記要件を満たした従業員は、「10労働日」の年次有給休暇が付与されます。

　その後、最初に年次有給休暇が付与された日から1年を経過した日に、同様の要件（最初の年次有給休暇が付与されてから1年間の全労働日の8割以上出したこと）を満たせば、さらに11労働日の年次有給休暇が付与されます。

　以降も同様で、付与される有休は下記の表のとおりです。

雇入れの日から起算した勤続期間	付与される休暇の日数
6カ月	10労働日
1年6カ月	11労働日
2年6カ月	12労働日
3年6カ月	14労働日
4年6カ月	16労働日
5年6カ月	18労働日
6年6カ月以上	20労働日

なお、パートタイマーなど、所定労働日数が少ない労働者については、1週間または1年間の所定労働日数によって「比例的に」付与されます。具体的には、次の表のとおりとなります。

[○パートタイマーの年次有給休暇の付与日数]

週所定労働時間	週所定労働日数	1年間の所定労働日数（週以外の期間によって労働日数が定められている場合）	雇入れの日から起算した継続勤務期間の区分に応ずる年次有給休暇の日数						
			6カ月	1年6カ月	2年6カ月	3年6カ月	4年6カ月	5年6カ月	6年6カ月以上
30時間以上			10日	11日	12日	14日	16日	18日	20日
30時間未満	5日以上	217日以上							
	4日	169日〜216日	7日	8日	9日	10日	12日	13日	15日
	3日	121日〜168日	5日	6日		8日	9日	10日	11日
	2日	73日〜120日	3日	4日		5日		6日	7日
	1日	48日〜72日	1日	2日			3日		

【年次有給休暇についての留意点】

○年次有給休暇の拒否は NG ！

　年次有給休暇は労働基準法上、従業員が請求する時季に与えなければならないと定められています。会社は、従業員が請求した時季に年次有給休暇を与えることが事業の正常な運営を妨げる場合にのみ、他の時季に年次有給休暇を与えることができます（時季変更権）が、「年次有給休暇を付与しない」とすることはできません。

○年次有給休暇は時効で消滅する！

　年次有給休暇は後述する就業規則等に特段の定めがない場合、発生日から2年間で時効消滅します。

○一部を除く従業員の有給休暇には5日間の取得義務がある！

　有給休暇は計画的付与（労使協定で事業主が取得時季を予め定めて与えた日数を有給休暇として付与すること）の例外を除き、基本的に従業員が請求することで取得できるものでした。しかし、平成31年

４月より労働基準法が改正されたことに伴い、すべての企業において、「年10日以上の年次有給休暇が付与される労働者」に対して年次有給休暇を付与した日から１年以内に５日間、事業主が時季を指定して取得させることが義務化されました。

ただし、「労働者が自ら請求して取得した有休の日数」や「計画的付与で時季を定めて与えた日数」に関しては、取得させる義務のある５日のうちから控除することが可能です。

(2)　時間外労働、深夜労働について

過重な労働に対する従業員への補償のため、時間外に労働させた場合（１カ月に60時間以内）には２割５分以上、１カ月に60時間を超えて時間外に労働させた場合には５割以上（中小企業については適用猶予のため２割５分以上）の「割増賃金」を支払う必要があります。

また、深夜（原則として午後10時〜午前５時）に労働させた場合、２割５分以上、「法定休日（会社で休日と設定した週１日以上の日）」に労働させた場合にも３割５分以上の割増賃金を支払わなければなりません。

ことに保育所においてはイベント準備や書類作成のための残業または持ち帰り残業を行う場合も多く、こうした際にもきちんと時間を管理し、所定の割増賃金を支払っておくことが重要です。

時間外労働	１日または１週の法定労働時間を超える労働をさせた場合
休日労働	週休制の法定基準を満たせなくなる休日における労働をさせた場合
深夜労働	午後10時〜午前５時までの労働をさせた場合

[○割増率のまとめ]

時間外労働	2割5分以上
休日労働	3割5分以上
深夜労働	2割5分以上
時間外労働＋深夜労働	2割5分以上＋2割5分以上＝5割以上
休日労働＋深夜労働	3割5分以上＋2割5分以上＝6割以上
時間外労働が1カ月に60時間を超えた場合	5割以上
時間外労働が1カ月に60時間を超えた場合　＋　深夜労働	5割以上＋2割5分以上＝7割5分以上

⑶　休憩について

　休憩については、労働基準法において下記の「3つの原則」が定められています。

ア　休憩は労働時間の途中で与えなければならない（途中付与の原則）
イ　休憩中は労働から解放されていなければならない（自由利用の原則）
ウ　休憩は一斉に付与されなければならない（一斉付与の原則）

ア．休憩は労働時間の途中で与えなければならない

　休憩は労働時間の「途中で」付与される必要があります。

　そのため、例えば「勤務時間が終わった後に1時間の休憩が付与される」というような形式や「勤務が始まる前に1時間の休憩が付与される」という形式はNGとなります。

イ．休憩中は労働から解放されていなければならない

　休憩中においては「労働から解放」されている必要があります。ことに保育所においては、休憩時間中も電話対応や児童の午睡の見守り

の必要があるなどで、現場から離れられないなどの事例がしばしば見受けられます。

　しかし、労働基準法では、休憩中において従業員は労働から解放されている必要があり、また従業員の行動を制限してはならない（職場外への外出は例外的に制限可能）と定められていますので、こうした形で休憩を与えることはNGとなります。

ウ．休憩は一斉に付与されなければならない

　休憩は原則として「一斉に」付与される必要があります。

　つまり、職場における従業員が「全員一斉に」休憩を取得できなければならないということです。

　ただし、これはあくまでも原則であり、工場などにおける勤務が主流であった時代はさておき、サービス業等においては必ずしもなじまない側面があります。

　そのため、例外として次の業種の場合は、この規定が適用されないこととなっており、また事業主が従業員との間で「労使協定（休憩、残業、休日などの雇用条件について、事業主と労働者を代表する者との間で結ぶ協定のこと）」を締結することで、下記以外の業種であっても従業員に交代で休憩を与えることができることとされています。

　企業主導型保育所は休憩の一斉付与が適用されない「保健衛生業」に該当するため、労使協定は不要です。

○休憩の一斉付与が適用されない業種
　運輸交通業
　商業
　金融、広告業
　映画、演劇業
　通信業
　保健衛生業（企業主導型保育所）

接客娯楽業
官公署の事業
（労働基準法施行規則第31条より）

(4)　労働契約の終了（退職、解雇等）について

　労働契約の終了（退職）については、基本的には雇用契約書（または労働条件通知書）もしくは後述の就業規則に記載してある規定や手続きに従って行うこととなります（例：3日前までに会社に所定の退職届を提出する、など）。

　慢性的な人材不足であり、「人材を探そうにもなかなか見つからない」という保育業界において、従業員、特に保育従事者の退職は非常に大きな問題です。そのため、退職届を提出されても、「ちょっと待ってほしい」とか、「今辞められても困る」など、会社側が従業員の退職を一方的に保留するケースがしばしば見られます。

　しかし、原則として退職に会社の合意や承諾は必要なく、退職の意思表示（具体的には「退職届」の提出）によって成立するものですので、こうした不当な保留や強制力のある引き止めはNGとなりますので、注意が必要です。

　なお、退職には大きく分けて従業員が自己の都合により退職する「自己都合退職」と、会社の都合により退職させる「会社都合退職」があります。

　会社都合退職はいわゆる「解雇」等のことをいいますが、こちらは従業員との雇用契約を会社側から一方的に解除する行為であるため、法律上、様々な規定を定めて従業員の権利を保護しています。

　労働契約の終了については自己都合退職以外の場合、様々なトラブルが発生する可能性がありますので、下記に契約終了のケースに応じた留意事項を解説していきます。

ア．解雇について

　前述のとおり、会社からの申出による一方的な労働契約の終了を解雇といいますが、解雇は、会社がいつでも自由に行えるというものではなく、解雇が「客観的に合理的な理由を欠き、社会通念上相当と認められない場合」は、従業員を辞めさせることはできません。解雇するには、「社会の常識に照らして納得できる理由」が必要となります。

　解雇の理由としては、例えば勤務態度に問題がある、無断欠勤が多い、業務命令や職務規律に違反するなど、従業員に落ち度がある場合が考えられます。しかしこの場合でも、一度や二度の違反ですぐに解雇が認められるということはなく、従業員の落ち度の程度や行為の内容、ならびにそれによって会社が被った損害の重大さ、さらには従業員の悪意や故意によるものか、それともやむを得ない事情によるものかなど、さまざまな事情が考慮され、解雇が「正当」かどうかが判断されます。また、解雇を有効なものとするためには、労働契約書（労働条件通知書）や就業規則に「解雇となる事由」を予め記載しておかなければなりません。

　さらに、下記のような一定の場合については法律で解雇が禁止されていますので、注意が必要です。

イ．法律上禁止されている従業員の解雇

<労働基準法>
- 業務上災害のため療養中の期間とその後の30日間の解雇
- 産前産後の休業期間とその後の30日間の解雇
- 労働基準監督署に申告したことを理由とする解雇

<労働組合法>
- 労働組合の組合員であることなどを理由とする解雇

<男女雇用機会均等法>
- 労働者の性別を理由とする解雇
- 女性労働者が結婚・妊娠・出産・産前産後の休業をしたことなどを理由とする解雇

<育児・介護休業法>
- 労働者が育児・介護休業などを申し出たこと、または育児・介護休業などをしたことを理由とする解雇

ウ．解雇予告について

　前述のすべてを満たす合理的な理由のある解雇であったとしても、解雇を行う際には原則として即日行ってはならず、少なくとも「30日前」に解雇の予告（解雇予告）をする必要があります。

　仮のこの予告を行わない場合、会社は従業員に30日分以上の平均賃金（原則としてその事由の発生した日以前3カ月間に労働者に支払われた賃金の総額を、その期間の総日数（暦日数）で除した金額のこと）に相当する手当（解雇予告手当）を支払わなければなりません。

　また、予告から解雇までの日数が30日に満たない場合には、その不足日数分の平均賃金を解雇予告手当として支払う必要があります。例えば解雇日の20日前に予告した場合、「20日×平均賃金」に相当する金額を解雇予告手当として支払う必要があるということです。

　上記のとおり、解雇には厳格な規定等が存在しますので、従業員の解雇を検討・実行される際には事前準備や手順をきちんと理解しておくことが重要です。

エ．期間の定めがある雇用契約について

　期間の定めのある労働契約（有期労働契約）については、あらかじめ使用者と従業員が合意して契約期間を定めたものですので、使用者

は「やむを得ない事由」がある場合でなければ、契約期間の途中で労働者を解雇することはできないこととされています。そのため、期間の定めのない労働契約の場合よりも解雇の有効性は厳しく判断されますので、注意が必要です。

また、有期労働契約においては、契約期間が過ぎれば原則として自動的に労働契約が終了することとなりますが、3回以上契約が更新されている場合や1年を超えて継続勤務している場合については「契約の更新が期待される」ような状況にあるため、仮に雇止め（契約期間が満了し、契約が更新されないこと）を行う場合、使用者は「30日前までに予告」しなければならないとされています。

さらに、反復更新の実態などから「実質的に期間の定めのない契約と変わらない」といえる場合や、「雇用の継続を期待することが合理的（自然な考え）であると考えられる場合」、「契約更新をしないことに客観的・合理的な理由がなく、社会通念上相当であると認められない場合」なども雇止めが認められませんので、注意が必要です。

オ．整理解雇について

使用者が、不況や経営不振などの理由により、解雇せざるを得ない場合に人員削減のために行う解雇を整理解雇（いわゆる「リストラ」）といいます。これについても経営上の理由があるとはいえ使用者側の事情による解雇ですから、次の事項に照らして整理解雇が有効かどうか厳しく判断されます。

＜整理解雇の有効性の判断基準＞
①人員削減の必要性
　　人員削減措置の実施が不況、経営不振などによる企業経営上の十分な必要性に基づいていること
②解雇回避の努力
　　配置転換、希望退職者の募集など他の手段によって解雇回避の

ために努力したこと

③人選の合理性

　整理解雇の対象者を決める基準が客観的、合理的で、その運用も公正であること

④解雇手続の妥当性

　労働組合または労働者に対して、解雇の必要性とその時期、規模・方法について納得を得るために説明を行うこと

カ．退職勧奨について

　退職勧奨とは、使用者が従業員に対して「辞めてほしい」「辞めてくれないか」などと言って退職を勧めることをいいます。

　この場合、従業員が自由意思によって退職勧奨に応じる場合は問題とはなりませんが、使用者による従業員の自由な意思決定を妨げる退職勧奨（例えば「どうしても辞めてもらわなければ困る」などとして退職届の提出を強要する場合など）は、違法な権利侵害に当たるとされる場合があります。

　なお、退職勧奨に応じて退職した場合には、自己都合による退職とはならず、「会社都合退職」となりますので、注意が必要です。

(5)　まとめ

　前述のとおり、組織の資源である「ヒト」「モノ」「カネ」のうち、「ヒト」は最も重要な経営資源といわれています。それは保育所においても同様であり、「職員の児童への接し方＝その保育のサービスの質」といっても過言ではありません。

　昨今ではインターネットの普及に伴い、前述の有給休暇や解雇などといった労務の専門的な知識がある従業員も増えてきています。そのため、労務管理にあたっては法律上のルールをきちんと理解しておか

なければ、のちのち「知らなかった」では済まされない労務トラブルに発展する可能性も大いにあります。

　従業員は「人件費」という大きなコストであると同時に、「児童や保護者の満足度の向上」「新たな園児の獲得」「生産性の向上」など、組織にとって計り知れないメリットを与える「会社の財産」を生み出すことができる唯一の存在です。

　労働基準法をはじめとした諸法令を理解し、労務トラブルのない快適な職場環境を形成することが、離職率を低下させることにつながり、ひいては保育所のサービスの質を向上させることにつながっていくと考えます。

 第3節 就業規則について

ここからは、会社の「就業規則」について解説します。

1 就業規則とは

　就業規則とは、会社が従業員に対して守って欲しいこと、知っておいてほしいことをまとめた規則のことであり、いわば「会社のルールブック」となる規則です。

　法律上、会社は常時10人以上の従業員を雇用する事業場を有している場合、就業規則を作成し、労働基準監督署に届出をしなければなりません。

　逆にいえば、1つの事業場で10人未満の従業員を雇用していなければ就業規則の届出をする必要はなく、作成も義務ではないため、小規模な保育所等では「雇用契約書があれば大丈夫」として作成していないところも多く存在します。

　しかし、就業規則を定めていなければ、社内における労務関係のルールが不明瞭になってしまいます。加えて、前述した「解雇」等を適正に行うためには就業規則において解雇の事由を明記しておかなければならず、従業員10人未満の会社であっても無用な労務トラブルを避けるため、就業規則を作成しておくことをおすすめします。

2 就業規則の作成について

　就業規則には、法律上必ず盛り込んでおかなければならない内容

（絶対的必要記載事項）と、退職手当や表彰・制裁といった、事業所において定めをする場合には盛り込んでおかなければならない事項（相対的必要記載事項）があります。

　絶対的必要記載事項、相対的必要記載事項それぞれの具体的内容は次のとおりです。

[○絶対的必要記載事項]

> ①　始業および終業の時刻、休息時間、休日、休暇ならびに交替制の場合には就業時転換に関する事項
> ②　賃金の決定、計算および支払いの方法、賃金の締切りおよび支払いの時期ならびに昇給に関する事項
> ③　退職に関する事項（解雇の自由を含む。）

[○相対的必要記載事項]

> ①　退職手当に関する事項　②　臨時の賃金（賞与）、最低賃金に関する事項
> ③　食事、作業用品などの負担に関する事項　④　安全衛生に関する事項
> ⑤　職業訓練に関する事項　⑥　災害補償、業務外の傷病扶助に関する事項
> ⑦　表彰、制裁に関する事項　⑧　その他全労働者に適用される事項

　上記の必要記載事項さえ盛り込まれていれば、他の内容についてはある程度自由に作成することが可能です。

　例えば採用に関するルール、在職中や退職後の秘密保持の規定、慶弔休暇、休職に関するルール、出勤・退勤・欠勤・遅刻等に関する取扱いなど、従業員の就労にあたって知っておいてほしいこと、守ってほしいことなどを「もれなく」反映させていくことが重要です。

　就業規則は事業場ごとに作成するため、企業主導型保育所が複数ある場合にはその数だけ作成が必要となりますが、保育所ごとにルールが異なると運用がややこしくなるため、勤務日・勤務時間等といった現場により異なる項目以外はなるべく共通化した規定を整備したほうがよいでしょう。

　巻末230ページにも保育所で使用できる就業規則の例を掲載しておりますので、ぜひご参照のうえで作成・見直しをしてみてください。

第4節 # よくある労使間の トラブルとその対処法

最後に、保育所における労務管理において、労使間でよく発生するトラブルとその対処法について解説します。

労使間で発生するトラブルには様々なものがありますが、次の3つはその中でも特に多いかと思います。

---

① 「残業」についてのトラブル
② 「有休」についてのトラブル
③ 「退職（解雇含む)」についてのトラブル

---

1 「残業」についてのトラブル

残業に関してよく発生するのは、「未払い残業代」の問題です。

前述のとおり、時間外に労働させた場合には少なくとも2割5分以上の割増賃金つまり「残業代」を支払う必要がありますが、この残業代を支払わなかったり、あるいは「うちはサービス残業だから」といって残業時間として扱わなかったりするケースです。

基本的には、従業員が勤務時間を超えて労働した場合にはそれを使用者が知っていたかどうかにかかわらず（使用者には労働時間の把握義務があるため、「知らない」というのはまた別の問題があるのですが……）、残業をした場合には残業代を支払う必要があります。また、事業場内において残業した場合だけではなく、前述のように家でイベントの準備をするなどの「持ち帰り残業」の時間も残業時間となり、

残業代の支払い義務が発生します。

　従業員が賃金を請求する権利（賃金請求権）は5年間（当分の間は3年間）であるため、この残業代が未払いであったためにその期間分をまとめて従業員から請求され、数百万円にも及ぶ残業代を支払ったというケースも最近では珍しくはありません。そのため、残業時間の管理は日頃からしっかりと行っていく必要があります。

　また、残業削減の対策として「残業をしないでくれ！」と呼びかけたり、「ノー残業デー」をつくって強制的に定時に退社させたりといったことをする場合もあります。しかし、保育所において従業員の残業が多い場合は往々にして業務遂行の体制そのものが大きな原因であることも多く、例えば「園長だけに書類作成業務が集中している」「保育日誌がパソコンではなく手書きで時間がかかる」「新入社員が入ったばかりでそのフォローに時間をとられている」「清掃業務などの効率化を行っていない」など、日々の業務や業務分担を少し見直せば大幅に減少する残業もありますので、「根本的な問題は何か？」という考えをもって改善に取り組むことが重要です。

　また、残業代で同じく多いのが「みなし残業代」についての誤解です。

　たまに「みなし残業代を支払っているのだからいくら残業させてもよい」と思われている使用者もいるようですが、みなし残業代はいわば「その月に見込まれるであろう残業代の前払い」という意味合いと「残業時間の計算の簡素化」という主旨での制度であり、「残業代そのものの定額化」をすることはできません。よって、たとえばみなし残業代が月3万円で、その月に3万円相当分以上の時間外労働をした場合には、使用者は当然のごとく「超過した部分の残業代」を支払わなければなりませんので、みなし残業代を導入される際には十分にご注意ください。

有給休暇（以下、有休という）のトラブルで多いのが、正社員においては「有休の付与日数と消化」、パートタイマーにおいては「そもそも有休が付与されるという事実を（使用者または従業員が）知らないこと」の問題です。

　有休の付与は法律で「強行法規」とされており、日数にも下限が定められていますので、例えば正社員が6カ月間継続勤務（かつ8割以上出勤）で10日間有休が付与されるのに対し、「ウチは5日しか付与しないから」と、法律の基準より低い付与日数を設定することもできず、この場合は雇用契約書や就業規則の定めにかかわらず、強制的に「10日」となります。また、従業員の有休はれっきとした請求権であるため、使用者が独断で「有休はとらせない！」と拒否することはできません（ただ、前述した「時季変更権」を行使することは可能です）。

　パートタイマーの有休については、最近では従業員のほうがインターネット等で知識があることも多く、「パートタイマーにも有休がある」ということを従業員から言われて初めて知る、というケースもあります。

　有休のトラブルはほとんどの場合、知識不足や誤った理解によって発生するものですので、有休については厚生労働省のマニュアルなどを参照に、理解をしていくことが一番の防止策となります。

3 「退職（解雇含む）」についての トラブル

　退職についてのトラブルについてはほとんど「解雇」によるものです。これについては本章第2節の「3　従業員の「採用後」に留意すべき点」（147ページ）で列挙していますので、ご参照ください。

　また、上記とは別にしばしば問題になるのが、「退職時における有休消化」の問題です。たとえば有給休暇が20日残っている従業員が、「来月いっぱいで辞めます。でも来月は丸々有休消化でお願いします」と言った場合、前述のとおり使用者は有休取得を拒否することはできません。かといって、時季変更権の行使はあくまでも「在職期間」にしか適用はありませんので、時季をずらしてもらおうにもずらしようがありません。

　これに対する対応策として法的に有効なものはありませんが、従業員と協議のうえで退職日をずらしてもらい、有休消化する日を調整してもらう、ということも1つの方法です（例えば、3月末で退職する労働者から「3月を丸々有休消化したい」という請求があった場合、「退職日を4月末にして、3月は出勤、4月を有休消化してもらうことはできるか？」と交渉するなど）。

　また、予防策として、そもそも有休をまとめて消化することのないように、日頃から有休取得の推進や有休の計画的付与（有給休暇のうち5日を超える分について、労使協定を結ぶことで計画的に休暇取得日を割り振ることができる制度）によって有休をこまめに取得してもらうことも重要です。

［第4章］

企業主導型保育所の経営

　これまでの章では、主に基準や報酬の面において解説してきましたが、本章では、企業主導型保育所の「経営」について、保育所の収入をどう増加させるか、人材をどう採用するか、組織をどうつくっていくかなどの面から解説していきます。

　はじめに、保育所の経営理念（保育理念）や目標設定の重要性、具体的な設定方法について説明し、その後に助成金獲得などの具体的収入増加のための方法、人材獲得のための戦略と組織づくりについて解説いたします。

第1節 企業主導型保育所の経営理念

1 保育業界における従業者の現状

　ここ十数年において、会社と会社で働く人の関係は激変しています。それまで、会社は採用した人材を定年まで勤務させることを約束する「終身雇用」により縛り、他方、従業員は終身雇用を約束される代わりに、会社への忠誠と服従（というと語弊があるかもしれませんが……）を要請されてきました。要は、一度会社に就職すれば定年までそこに勤めて、その会社のために尽くすのが当たり前、と思われてきたのです。

　しかし、現在では従業員の就職の選択肢は広がり、特に若い世代を中心に、従業員の心境にも大きな変化が見られてきました。会社との関係では、これまでの「従属する」という考え方が「契約（エンゲージメント）」という考え方へと変化してきており、「1つの会社でずっと働く」というよりは「より良い待遇の会社」「より居心地の良い会社」「よりキャリアアップができる会社」を求めて次々と転職をしていく従業員がどんどん増加してきているといわれています。

　これは他の業界と比較して人材が集まりにくい保育業界では特に顕著です。保育士の数は全国的に不足しており、厚生労働省の「職業安定業務統計」によると、令和3年4月の保育士の有効求人倍率は全国で軒並み2倍を超え、都内だけなら2.7倍になると公表されています。

　全国的に保育士が不足している理由には、待機児童に比して保育士資格を持つ人材が少ないという絶対数の問題もありますが、主に待遇面に関しての問題が多いです。具体的には、大きく分けて次の5つの

原因が考えられるといわれています。

- ・給料水準の低さ
- ・業務量の多さ
- ・就業時間があわない
- ・人間関係
- ・責任の重さ

会社はもはや「いかに採用するか」ということ以上に、「いかに従業員にとって魅力ある職場にできるか」を真剣に考えなければならない時代に入ってきています。

2 「理念」の重要性

従業員にとって魅力のある職場づくりのためには、まず「経営理念」を明確にすることが必要です。よって、会社の経営理念の意味について解説していきます。

(1) 組織には「目的」が必要

多くの会社は独自の「経営理念」をホームページやパンフレットに掲げています。保育所であれば、経営理念の代わりに「保育理念」を掲げているところも多いでしょう。

では、そもそもなぜ会社には「理念」が必要なのでしょうか？

よく「人が集まれば組織になる」「株式会社や社会福祉法人などの法人（会社）になれば組織になる」と誤解されがちですが、人が集まるだけでよいのであれば、例えば都内の駅にも多くの人が日々集まっています。

しかし、そこに集まる人々の目的や行き先はバラバラで、ある人は

電車に乗って次の駅に行くため、ある人は待ち合わせのため、ある人は駅前で買い物をするため、と様々です。これは「組織」や「会社」と呼べるでしょうか？

　会社を含めた「組織」とは、多くの場合「共通の目的を有し、目的達成に向けて協働する（一緒に働く）2人以上の人の集まり」と定義されます。つまり、組織には共通の「目的」があることが必要であり、これがあって初めて多くの人の力を1つにまとめ、大きな力を発揮することが可能になるのです。

　目的を明確にすることにより、従業員1人ひとりのエネルギーの方向が集約され、その達成に近づくことができ、逆に共通の目的がなければエネルギーは分散されてしまいます。また、組織の従業員がその目的に共感すればするほど、エネルギーは集約され、その力は高まっていきます。

[目的のある組織とない組織の違い]

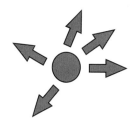

目的のない組織はそれぞれが勝手に
行動するため、力が分散してしまう

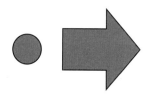

明確な目的のある組織は個々人が共通の目的のために
力を使うため、1つの方向に大きな力を生む

　この「目的」にあたるものが、会社でいうところの「経営理念」となります。特に保育所においては、保育者同士の連携やチームプレーが質の高い保育の実施のために極めて重要となってきますので、（保育）理念の共有は特に大切です。

(2)　理念の考え方

では、この理念を生み出すためにはどのようにすればよいのでしょうか？

「新たに考えなければならない」と誤解されがちですが、理念は「新しく考えるもの」ではなく「自分たちがやってきたこと（またはやろうとしていること）を掘り下げるもの」です。

理念とは会社の基本的目的であり、会社が達成すべきことを表したものであり、組織のアイデンティティ（存在意義）を表すものでなければなりません。よって、「組織は何のために存在するのか」という当たり前の部分を徹底的に掘り下げて考えることが必要であり、取って付けたような理念やどこか別の保育所から持ってきたような理念では、まったく意味がありません。

マネジメントの第一人者であったピーター・ドラッカーは、経営理念を考える際に「【われわれの事業は何か】という問いの答えになるものが理念となる。」と述べています。

どのような理念を掲げるかは会社によって千差万別ですので、経営幹部、そして可能であればぜひ保育者の皆様も巻き込んだうえで考えていくことをおすすめします。

なお、理念を言葉にするためにはいくつかポイントがあります。

3　理念の定義のポイント

i　実現可能であること

あまりに志の低い理念は論外ですが、その実現が疑問視されるような理念は逆に従業員のモチベーションを下げたり、現実感を欠如させたりします。

ii　やる気を起こさせるものであること

組織の仕事は、従業員が「価値ある組織に属する価値ある一員であ

る」と感じるものでなければなりません。よって、理念は人々の人生を豊かにするようなものである必要があります。

iii 組織の個性を表したものであること

従業員は、「他と違う」「他よりも優れている」と感じることで、その組織に属することに対しての誇りや帰属心を持つようになります。よって、理念は画一的なものではなく、組織の個性を表現した独特のものである必要があります。

会社は何のために存在するのか、何のために事業を行っているのかを全体に周知させることが、魅力ある職場づくりの第一歩となります。

理念を掲げてそれで終わりではありません。理念があって初めて、それを達成するための「目標」の設定が可能となります。

4 「目標」の設定

「理念」は、組織の存在意義や達成したいことを表明した、ある種抽象的なものとなります。これに対し「目標」は、理念を達成するために具体的にどうすればよいか、具体的に何を目指せばよいかを設定するためのものです。

保育所においては、「保育理念」を達成するための「保育目標」などがこれに該当します。

ア．目標は１つではない

理念とは異なり、目標は１つではありません。

例えば次の図においては、まず最上位に「組織全体」の目標があり、その下にそれぞれの「部」の目標があります。さらに、その下には「課」の目標があり、最終的には組織で働く「個人」１人ひとりの目標があります。

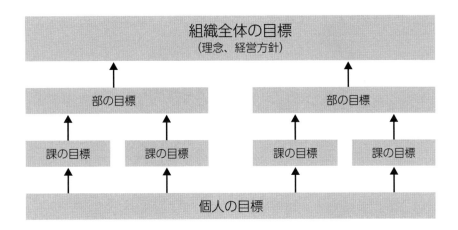

　これは保育所でもいえることで、少なくとも次のような目標を設定する必要があります。

1　会社全体の目標
2　保育所ごとの目標
3　園長の目標
4　主任保育士（副主任保育士）の目標
5　各従業員（保育士、補助者、事務員、調理員等）の目標

　もちろん目標は上記1〜5すべて異なるものになりますが、ここで重要になってくるのは、「組織の目標の方向性を一致させる」ということです。

　例えば、保育所の目標を「園児のやりたいことをできるかぎり実践する」と設定したのに対して、園長の目標を「園児の安全を最優先にする」と設定したとすれば、「外で思い切り遊びたい」という園児に対して、YES と言えばよいのか、NO と言えばよいのかが必ずしも明確ではなくなってしまいます。

　そのため、組織全体の目標から個々人の目標に至るまで、その方向

性に相違はないかを確認し、目標の1つひとつを歯車のようにできる限り連動させ、方向を一致させる必要があります。

イ. 目標の設定方法

目標を設定するためには、いくつかのポイントがあります。

i 目標は「具体的」でなければならない

例えば、「園児と保護者の幸せのために頑張る」という目標は、その意思自体は素晴らしいものですが、従業員側からすれば、その目標を「どうやって達成したらよいのか」が不明瞭となってしまうおそれがあります。

これに対し、「園児の事故をゼロにする」という目標であれば、自分が何に対して気をつければよいかが明確となります。

こうすることで初めて、目標は「行動」へと結びつくことになるのです。

ii 目標は測定可能でなければならない

前述の「園児と保護者の幸せのために頑張る」という目標は、いわば「理念」であって「目標」ではありません。目標とは達成するために邁進するものであり、したがって「達成」したかどうかが誰の目から見ても明らかになるよう、「測定」が可能なものである必要があります。

iii 目標は挑戦的でなければならない

すぐに達成できる目標では個人の努力を促すことはできません。「これなら達成可能だろう」というものからさらにもう1～2段階高いハードルを設定することが必要です。

人間はすぐに達成できる目標では通常の思考の範囲内でしか行動しようとしませんが、困難な目標を達成しようとすることで、「試行錯誤」や「発想の飛躍」が起こります。その過程が個人や組織を成長させる糧となるのです。

iv　目標は期間が定まっているものでなければならない

　目標は長い時間をかけて達成するものもあれば、短い期間で達成する必要があるものもあります。それは目標の種類や性質によって柔軟に設定すればよいものですが、最も重要なのは「期間（期限）を設定すること」です。

　人は、期間の決まっていないものは優先順位として後回しにする傾向があります。何を、「いつまでに」達成しなければならないのかを明確にすることで、目標は強い拘束力を持つことになります。

　目標を設定したら、さらに「行動指針」や「行動基準」などに落としこむのですが、ここまでくれば、保育所の各従業員は「自分が何をすればよいのか」「何を求められているのか」が明確になってくると思います。

5　働くひとには「役割」が必要！

　ここまで、会社の理念の意義、そしてその理念と目標の具体的設定方法について解説してきました。

　前章で触れた処遇改善等加算によって事業所の賃金体系やキャリアパスを整えることは、保育所における給与面での待遇やキャリアアップのための土壌を用意できるという意味で非常に有効な手段です。

　しかし、今の若い世代の多くは上記のほか、「他者への貢献」や「協力して行動する」ことを求めているといわれます。分業化が進んでいる大企業になるほどいえることですが、自分が担当している仕事の会社全体に対する貢献具合がわかりにくく、「自分は本当に役に立っているのだろうか？」と、協力して働いている実感がわきにくいといいます。

　「従業員にとって魅力ある職場づくり」とは（給与面での待遇の良さというのは原則としてありつつも）、つまるところ「やりがい」や「役に立っている」という実感を持てるかどうかだと思います。よっ

て、まずは「理念」によって、保育所で働く人、働こうとする人に、
「ここで一緒に働きたい！」と感じてもらい、かつ「目標」によって、
自分が保育所の中でどのように役に立っているのかを明確に示して
知ってもらうことが必要です。

第2節　実地指導について

　ここでは、企業主導型保育所を経営する皆様が日頃気をもんでいるであろう、「実地指導」についてお話していきます。

1　実地指導とは？

　実地指導とは、企業主導型保育所の運営の適正化や指導を図ることを目的として、児童育成協会の担当者（基本的に2名以上）が保育所に訪問して行う、運営状況のヒアリングや法定書類の確認等のことをいいます。

　つまり実地指導とは、制度管理の適正化とより良い保育の実現を目的として実施されるものであり、原則としてすべての企業主導型保育所において実施されるものです。

2　実地指導を受けるにあたっての留意点

その1：実地指導は「監査」ではない！

　実地指導のことを「監査」ととらえる保育所の方もしばしばいますが、「監査」は不正請求や悪質な違反を実施しているまたは実施している可能性のある保育所に対し、その改善を求め、場合によっては指定の取消しを行うものです。

　これに対し、実地指導は前述のとおり「より良い保育の実現」を目

的とし、保育所への助言・指導を目的として実施されるもので、助成決定の取消しや悪質事例の摘発を目的としたものではないということに留意しておく必要があります。

> ○監査…………通常抜き打ちで行われる（特別立入調査）
> ○実地指導……事前に必要書類が書面で通知される

その２：「実地指導のために作成しなければならない　　　　　書類」はない！

よく「実地指導で何を書類として要求されるのか？」「注意しなければならないことは何か？」について質問をされます。しかし、そもそも実地指導で要求される書類は特別なものではありません。実地指導で要請されるのは企業主導型保育事業費補助金実施要綱等によって定められた書類であり、つまりは「日頃から保育の実施において準備している（はずの）書類」を用意すればこと足りるものです。

よって、これまでに解説した各基準をきちんと理解し、書類を日頃から整えていれば、これで準備はできているということになります。

3　実地指導の流れ

それでは、実地指導はどのように実施されるのでしょうか。参考までに、筆者が経験した流れを一例として記載しますので、参考にしてください。

流れ①：実地指導の実施の通知の送付

実地指導が行われる約１カ月前に、書面（メール送信）によって実

地指導を実施する旨の通知が来ます（179ページ参照）。

※その後にメールが到達しているか、フォローアップの電話もありました。

流れ②：事前提出資料の提出

通知のメールに添付されている次の書類を、実地指導前（おおむね1週間〜2週間前まで）にメールや郵送によって提出することとなります。

『自主点検表』
『児童に係る確認リスト』
『職員に係るリスト』

なお、児童と職員については、原則として事前提出書類の提出月現在における員数を記載することとなります。

流れ③：当日準備すべき書類の準備

当日に準備する書類については、上記の「自主点検表」および別途添付されている「確認事項一覧」（181ページ参照）に載っていますので、これを参照に、実地指導当日までに準備しておくこととなります。

なかには大規模な保育所や一部の保育所を対象とした必要書類が含まれていることもあり、すべての書類を準備しなければならないわけではありませんので、不明な書類を無理に準備するのではなく、都度児童育成協会に確認しながら行っていくことが大切です。

流れ④：実地指導当日

　実地指導当日は、園長や連携推進員、請求事務を行っている従業員が出席し、基本的には面談方式にてヒアリングと書類チェックが行われることとなります。

　当日、児童育成協会の担当者が２名以上訪問することとなりますが、各々が書類の確認を並行して実施するため、効率をあげるためにこちらも２名以上の参加をお願いされることもあります。

　こちらも原則として先に提出した『自主点検表』『児童に係る確認リスト』『職員に係るリスト』にならって確認が進むこととなります。

流れ⑤：改善報告書の提出

　実地指導の結果、おおむね３〜４カ月ほどで「結果通知書」が送られることとなります。

　実地指導で改善を要する項目があった場合には、これに記載してある内容を改善し、「改善報告書」として提出することとなります。

　実地指導はともすればマイナス要素として捉えがちですが、書類の確認等を通じて日頃の保育や業務を見直し、改善する機会であり、また児童育成協会に基準の内容や考え方、書類において注意すべき点などを直接確認できるまたとないチャンスでもありますので、（なかなか難しいですが）ぜひ前向きに捉えて対応してみてください。

○参考：実地指導通知文書

 Gmail

指導・監査実施通知書等の送付について

にじの園

合同会社サニープレイス
　企業主導型保育事業　ご担当者様

　平素、企業主導型保育事業の運営につき、格別のご配慮をいただきありがとう
ございます。

　さて、「企業主導型保育施設に対する指導・監査の実施について」（令和2年
7月16日付け公益財団法人児童育成協会）に基づく、貴施設への立入調査を添付
したファイル「立入調査実施通知書」のとおり実施いたしますので通知します。

　　　　◆立入調査実施日◆
　　　　　　令和3年　　　　　　　・

【立入調査実施に関する事前準備】
立入調査を受けるに当たり、下記書類をご確認のうえご準備ください。

　　<添付リスト>
添付1「立入調査実施通知書」
添付2「自主点検表」
添付3「児童に係る確認リスト」
添付4「職員に係る確認リスト」
添付5「確認事項一覧」

①　添付1の「立入調査実施通知書」記載の3．立入調査担当者名に
関しまして、立入調査担当者は変更する場合がございます。

②　添付2の『自主点検表』ファイル、添付3の『児童に係る確認リスト』、
添付4の『職員に係るリスト』は必要事項を入力しファイル名を園名に変更、
保存の上、立入調査の10日前までに、必ず本メール宛てにご返送くださるよう
お願いいたします。

　　　　◆自主点検表提出期日◆
　　　　　　令和2年

　　　　　　提出先：

③　添付2～5については、協会ポータルサイト内《通知・様式ダウン
ロード＞3－2．施設運営＞監査》にもすべて掲載されていますので、
ご確認の上、ご準備をお願いいたします。

【立入調査時の新型コロナウイルス感染防止対策について】

新型コロナウイルスの感染防止対策については、発生しないよう以下のような

取り組みを行いますので、ご理解とご協力をお願いいたします。

1）担当監査員は検温、体調管理、マスク着用、うがい、アルコールによる手指消毒を徹底し、監査時にはマスク着用とフェイスシールドを着用いたします。

2）担当監査員は監査前に体温チェックを行い、37.4度以上の熱があった場合は、立入調査は中止と致します。

3）担当監査員の家族等、同居者に感染者や感染者への接触があることが判明した場合は立入調査を中止いたします。

以上、よろしくお願いいたします。

・・・・・・・・・・・・・・・・・・・・・・・・・・・・・
公益財団法人 児童育成協会　指導監査部

enc2200260.zip
491K

確　認　事　項　一　覧

※　この書類は、指導・監査評価基準に規定されている立入調査日に確認する書類（列記された書類以外の書類の提出を求めることがあります。）又はヒアリングでの聴取や施設内見分等により確認する事項になります。自主点検表の作成の際に活用していただくとともに、列記された書類については調査日に提示できるよう準備をお願いします。
　　なお、この書類は協会に提出する必要はありません。

施設名			立入日	令和〇年〇月〇日

No	基準	確　認　事　項		確認結果	備　考
1	1(1)	認可外保育施設設置届出書（初回のみ）・変更届			
2	1(2)	利用定員の充足状況　※（〇〇人（現員）／〇〇人（定員））× 100 =〇〇.〇%（充足率）			
3	1(3)	定員の遵守状況　定員（〇〇人）、現員（〇〇人）			
4	1(4)	子ども・子育て拠出金領収済額通知書（直近3カ月）			
5	1(5)	委託契約書（委託の場合）			
6	1(6)	従業員枠・地域枠の設定　自社枠（〇〇人）・共同利用枠（〇〇人）・地域枠（〇〇人）			
7	1(7)	共同利用契約書（共同利用の場合）			
8	1(8)	共同設置の取決め文書（共同設置の場合）			
9	1(9)	サービス利用者との契約書（利用契約書）			
10	2(1)	利用者負担額（月額保育料）の設定（運営規程・重要事項説明書）			
11	2(2)	保育の質の向上・便宜に要する費用の設定（その使途、金額及び理由を記した書面・保護者の同意）			
12	2(3)	利用者負担額等の徴収方法の明示・領収書の発行状況			
13	3(1)	開所時間　〇〇時間／日（直近3ヶ月の開所時間が確認できる書類）			
14	3(2)	開所日　〇日／週（直近3ヶ月の開所日が確認できる書類）			
15	4(1)	保育室等の構造設備及び面積	0・1歳児の保育室等の面積・保育に要する用具の備え付け状況		
16	4(2)		2歳児以上の保育室等の面積・保育に要する用具の備え付け状況		
17	4(3)		屋外遊技場の面積・これに代わるべき公園等		
18	4(4)		調理室（定員20人以上）又は調理設備（定員19人以下）		
19	4(5)		医務室（定員20人以上）		
20	4(6)		乳児の保育場所の区画・安全性の確保状況		
21	4(7)		保育室の採光・換気の確保状況		
22	4(8)		便所の安全性、衛生管理の状況、保育室等との区画状況、便器数の確保状況		
23	4(9)		消火用具の設置状況・使用期限		
24	4(10)		非常口の設置状況（障害物の有無）		
25	5(1)		2階の場合の構造設備の状況		
26	5(2)		3階の場合の構造設備の状況		
27	5(3)		4階以上の場合の構造設備の状況		
28	6(1)	建築確認済証（初回のみ）			

No	基準	確 認 事 項		確認結果	備 考
29	6(2)	検査済証（初回のみ）			
30	7(1)	保育所運営規程			
31	7(2)	重要事項説明書（兼入園のしおり）・説明後の同意書			
32	7(3)	園だより			
33	7(4)	年間行事予定表、日程表			
34	7(5)	全体的計画・指導計画の作成等	全体的な計画		
			指導計画（長期・短期、月間個別指導計画（3歳未満児））		
			保育の内容等（身体の清潔への配慮、屋外遊戯・外気浴の確保、遊具・保育用具等の確保状況）		
35	7(6)	保育従事者の専門性・質的向上への取組み状況が分かる書類（外部・内部研修の実施状況）			
36	7(7)	乳幼児の人権に対する配慮状況			
37	7(8)	嘱託医との契約	小児科（内科）：		
			歯科：		
38	7(9)	非常災害に対する具体的計画（消防計画）	消防計画の作成・届出（収容人員30人以上）		
			具体的計画（緊急時の対応内容・手順、職員の役割分担等を規定）の作成（収容人員30人未満の施設）※消防計画作成の場合はそれで代替え可		
			防火管理者の選任・届出（収容人員30人以上）		
39	7(10)	避難消火等訓練（月1回以上）　年間計画書・実施記録書			
40	7(11)	不審者対応訓練（年2回程度）　年間計画書・実施記録書			
41	7(12)	保護者等との連絡体制（連絡帳・緊急時連絡表・緊急時関係機関連絡先一覧表）			
42	7(13)	個人情報管理	職員秘密保持規程・秘密保持誓約書		
			プライバシーポリシーに関する保護者からの同意書		
43	7(14)	各種マニュアルの整備	事故防止及び事故発生時の対応マニュアル・職員への周知状況が確認できる書類		
			アレルギー対応マニュアル・職員への周知状況が確認できる書類		
44	7(15)	事故報告・ヒヤリハット報告（今年度：事故○○件、ヒヤリハット○○件）			
45	7(16)	虐待防止対応、虐待防止マニュアル作成、職員への周知状況が確認できる書類			
46	7(17)	苦情処理規程、苦情の記録化、第三者委員の選任			
47	8(1)	支給認定証又は就労証明書（無償化：課税証明書等）			
48	8(2)	児童出席表（登降園の時刻が確認できるもの）			
49	8(3)	児童票			
50	8(4)	保育所児童保育要録（5歳児のみ）			
51	8(5)	立入調査月の初日の児童数が確認できる書類			
		立入調査日前1週間分の在園時刻別児童数が確認できる書類			
52	8(6)	立入調査月前1年間分延長保育の実施延長時間・対象児童数・保育従事者の配置状況等が確認できる書類			

No	基準	確認事項		確認結果	備考
53	8(7)	立入調査月前1年間分の夜間保育の実施開所時間・対象児童数・保育従事者の配置状況等が確認できる書類			
54	8(8)	一時預かり事業	一時預かり事業実施届（一般型のみ）		
			立入調査月前1年間分の児童数・専任の保育従事者の配置状況が確認できる書類		
			専用スペース（一般型のみ）		
			特別支援児童加算の対象児童を確認した書類（余裕活用型のみ）		
55	8(9)	病児保育事業	病児保育事業実施届		
			専用スペース（病児対応型・病後児対応型）、安静を確保されるスペース（体調不良時型）		
			立入調査月前1年間分の開所時間・病児保育の児童数・専任の保育従事者・看護師等の配置状況が確認できる書類		
56	8(10)	健康状態の観察及び保護者からの報告状況			
57	8(11)	発育チェックの実施（成長曲線の活用）状況			
58	8(12)	健康診断記録	入所時健診（健診結果又は母子手帳の写し）：入所前6ケ月以内のもの		
			定期健診（○月○日、○月○日）、歯科検診（○月○日）		
59	8(13)	感染症流行時の予防対策、感染症対応マニュアル、感染症への対応状況（意見書又は登園届）			
60	8(14)	午睡時の状況の確認	午睡時チェック表		
			睡眠時の乳幼児の状態の確認状況（確認チェック：0歳児5分、1歳児10分、2歳児以上15分間隔）		
			うつぶせ寝の防止への配慮状況		
			保育室の禁煙対策		
61	8(15)	賠償責任保険、傷害保険（無過失保険）、火災保険の加入証明資料			
62	8(16)	外部評価を受審したことが確認できる書類			
63	9(1)	就業規則（正規職員・非常勤職員・パート従業員別、セクハラ・パワハラの禁止・無期雇用契約の転換・公益通報保護の規定の整備状況）			
64	9(2)	出勤簿（出退勤時刻の記録・乳幼児の登降園時刻と同じ時刻単位での管理）			
65	9(3)	保育従事者の配置状況（立入調査月の初日の月極年齢別契約児童数・保育従事者別の勤務状況が確認できる書類）			
66	9(4)	保育士・看護師等の資格証の写し（保育士○名、看護師○名、○○○　名）			
67	9(5)	子育て支援員研修修了書の写し（○名）			
68	9(6)	子育て支援員研修未修了者の令和2年度の研修受講予定（令和○年○月○日受講予定）			
69	9(7)	調理員の配置（○名）（自園調理の場合）			
70	9(8)	非正規労働者受入推進加算（推進枠の設定・周知方法が確認できる書類）			
71	9(9)	保育補助者雇上強化加算（勤務日数・時間が確認できる書類・研修受講予定（令和○年○月○日受講予定））			
72	9(10)	連携推進加算（常勤専任であることが確認できる書類（辞令、出勤簿等））			

No	基準		確 認 事 項	確認結果	備 考
73	9(11)	処遇改善加算Ⅰ	賃金改善計画書、職員への周知状況が確認できる書類		
			明確な根拠規定（給与規程）、職員への周知状況が確認できる書類		
			研修の実施状況が確認できる書類（実施計画書、実施結果報告書等）		
			技術指導等の実施状況、職員の能力評価の実施状況が確認できる書類		
			資格取得への支援状況、職員への周知状況が確認できる書類		
			加算対象職員への賃金支払い状況が確認できる書類（賃金台帳）		
74	9(12)	処遇改善加算Ⅱ	賃金改善実施計画		
			副主任保育士等につき概ね7年以上の経験を有することが確認できる書類		
			職務分野別リーダー等につき概ね3年以上の経験を有することが確認できる書類		
			加算対象職員の賃金支払い状況が確認できる書類（賃金台帳）		
			併せて処遇改善Ⅰの対象職員がいる場合の内訳の作成		
75	9(13)	職員に関する書類	職員名簿（一覧表）		
			労働者名簿		
			賃金台帳		
			履歴書		
			雇用契約書		
76	9(14)	職員の健康診断結果（採用時・定期健診）			
77	10(1)	衛生管理	調理従事者及び給食介助職員の検便結果が確認できる書類		
			調理従事者等衛生点検表		
			食器類、ふきん、まな板等の殺菌、哺乳ビンの滅菌状況		
			検査用保存食及び原材料の保存状況		
			検食簿		
78	10(2)	調理業務の委託	委託の場合の調理業務委託契約書		
			外部搬入の場合の覚書、取決め文書等		
79	10(3)		食事内容等の状況（食物アレルギー児への対応状況等）		
			予定・実施献立表		
80	11	安全研修・施設長研修の受講計画・受講結果が確認できる書類			
81	12(1)	児童相談所等の専門機関との連携状況が確認できる書類			
82	12(2)	各種契約書（賃貸借契約書、給食・施設管理業務等の委託契約書）			
83	12(3)	賃借料加算（賃借料の内訳が確認できる書類（賃貸借契約書））			
84	12(4)	防犯・安全対策強化加算（対象設備の設置状況）			
85	12(5)	運営システム導入加算（対象システムの運用状況）			
86	12(6)	改修支援加算			
87	12(7)	改修実施加算			

No	基準	確認事項		確認結果	備考
88	12(8)	医薬品の整備（体温計、水枕、消毒液、絆創膏類）			
89	12(9)	安全確保	施設内の危険防止対策の状況、園外活動の事故防止対策（お散歩マップ）、危険個所の事前確認等		
			プール活動、水遊び時の職員の役割分担と配置状況		
			乳幼児の食事に関する情報の把握、誤嚥等の防止対策、食物アレルギー対策（生活管理指導表等の作成）の状況		
			窒息の可能性のある玩具等が保育環境下で不用意に置かれることを防ぐための定期的な点検状況		
			不審者侵入防止対策、緊急時の乳幼児の安全確保のための体制の整備状況		
			事故発生時の救命処置のための定期的な訓練の実施状況		
90		施設・サービスに関する内容の掲示	設置者の氏名又は名称及び施設の管理者の氏名		
			建物その他の設備の規模及び構造		
			施設の名称及び所在地		
			事業を開始した年月日		
			開所している時間		
			提供するサービスの内容及び当該サービスの提供につき利用者が支払うべき額に関する事項（無償化に係る事項を含む。）並びにこれらの事項に変更が生じたことがある場合にあっては当該変更のうち直近のものの内容及びその理由		
			入所定員		
			保育士その他の職員の配置数又はその予定		
			保育する乳幼児に関して契約している保険の種類、保険事故及び保険金額		
			提携している医療機関の名称、所在地及び提携内容		
			緊急時等における関係機関の連絡先、保護者との連絡方法		
			非常災害時の関係機関の連絡先、保護者との連絡方法、避難訓練の実施状況、避難場所及び避難方法		
			虐待の防止に関する研修の実施状況、マニュアルの作成状況		
91	12(11)	保育事業者が再委託を行っていないことが確認できる書類（委託契約書等）			
92	12(12)	施設の看板、ホームページ等の表示状況（内閣府認定・認可の表記不可）			
93	12(13)	企業主導型保育事業利用報告書・終了報告書			
94	12(14)	企業主導型保育事業利用状況報告書			
95	経1(1)	経理区分	法人本部（本社）と事業所は別の経理区分		
			経理に関する規程（規程を整備するに当たって参考とすべき項目 ①総則、②勘定科目及び帳簿、③予算、④出納、⑤資産・負債の管理、⑥財務の管理、⑦固定資産の管理、⑧引当金、⑨決算、⑩契約）		
96	経2(1)	会計責任者・出納職員の任命状況が確認できる書類（経理規程等）			
97	経2(2)	予算書			
98	経2(3)	帳簿の整理	主要簿（仕訳日記帳（伝票）、総勘定元帳）		
			補助簿（①固定資産管理台帳、②現預金出納帳、③小口現金出納帳、④未収金台帳、⑤未払金台帳）		

No	基準	確 認 事 項		確認結果	備 考
99	経1(4)	収入（現預金出納帳・金銭（現金）収納時の領収書の発行状況）			
100	経1(5)	寄付金収入（受入が確認できる書類）			
101	経1(6)	支出（職員給与の支払い状況、経費支出の際の請求書、対象外経費の支出の有無、支出の際の会計責任者の承認状況、小口現金の管理・取り扱い状況、法人本部等への収入超過調整額の繰入状況）			
102	経1(7)	積立資産（積立資産の計上状況、積立資産の管理状況（特定の目的等のための積立・専用口座での管理等）			
103	経1(8)	決算	決算（法人形態に従った決算書類の作成状況）（直近3期分）		
			貸借対照表・明細書（新設等で整備した場合の固定資産への計上、現預金残高の額と専用通帳の残高等との一致等の状況）		
			圧縮記帳（固定資産台帳）（整備費助成がある場合）		
			消費税仕入控除報告書の協会への提出状況		
104	経1(9)	契約	契約に関する規程		
			契約を行う権限を有する者をもって契約がなされていることが確認できる書類		
			資金の借入がある場合の返済計画書及び契約書		
			施設物件の賃貸借契約書、業務委託契約書その他契約書		
105	経1(10)	助成金を管理する専用の預金通帳			
106	経1(11)	施設整備工事請負契約書の原本（初回のみ）			
107	経1(12)	工事代金の支払いが確認できる書類（初回のみ）			
108	経1(13)	金銭消費貸借契約書（自己負担分を借入により調達した場合・初回のみ）			
109	経1(14)	不動産登記簿謄本（写し）（登記が必要な場合又は自己負担分を借入により調達した場合）			
110	経1(15)	事業主体の登記簿謄本（履歴事項全部証明書）等又はその写し			
111	経1(16)	保育事業運営のための委託費の支出が確認できる書類			
112	午睡(1)	不審者の侵入防止対策（施設入口・保育室等の施錠）			
113	午睡(2)	午睡時の職員の配置状況			
114	午睡(3)	乳幼児の確認			
			乳幼児の確認状況		
			布団・タオルケットの状況		
			シーツの布団への固定状況		
			隣の乳幼児との間隔の保持状況		
			隣の乳幼児との間隔の保持状況		
			ベットの複数乳幼児での利用状況		
115	午睡(4)	室内環境			
			室内の明るさ（乳幼児の顔色が分かる程度）		
			室内の温度（夏季：26〜28℃、冬季：20〜23℃）・湿度（目安60％）		
			安全確保・事故防止（棚・たんすの転倒防止等）の状況		
			室内の整理整頓の状況		
			午睡時の注意喚起ポスターの貼付状況		
			AEDの設置（近隣施設の利用）・職員への周知状況		

第3節 企業主導型保育所が 受給できる助成金

　ここからは、企業主導型保育所の収入源として活用できる「助成金」について触れていきます。

1 「助成金」とは？

　経済産業省や文部科学省といった各政府機関、都道府県・市区町村などの地方自治体、日本財団や赤い羽根共同募金といった民間機関など、現在、様々な公的・私的団体が多様な種類の助成を行っています。

　そのため、「助成金」といってもその意味合いは様々なのですが、本書ではその中でも「厚生労働省が事業主（会社）に対して支給しているお金」のことを指しています。

　「助成金」というと、大企業や一部の社会福祉法人など、大きな規模の会社や団体しかもらえないのではないかというイメージもあるかもしれません。しかし、厚生労働省の助成金はそうした性質のものではなく、「雇用保険に加入しており、従業員を1人でも雇用している会社（個人事業主を含む）」であればだれでも受給できる可能性があるものです。

2 助成金は返済不要！

　助成金はいわゆる融資等の貸付制度とは異なり、返済する必要がありません。

その理由としては、もともと助成金の財源となっているのが、事業主から徴収している「雇用保険料」のうち、「事業主負担分」として徴収しているお金の一部だからです。

　社会保険料（健康保険料、介護保険料、厚生年金保険料）が会社と従業員との折半で負担されているのに対して、雇用保険料は次表のとおり、会社負担の比率のほうが多く（1,000分の3〜4程度多い）設定されています。

[参考：雇用保険料率と負担率の内訳]
（令和3年度雇用保険料率の場合）

	雇用保険料率	事業主負担率 ※会社負担部分	被保険者負担率 ※従業員負担部分
一般の事業	9／1000	6／1000	3／1000
農林水産 清酒製造の事業	11／1000	7／1000	4／1000
建設の事業	12／1000	8／1000	4／1000

　これは、会社が負担する部分からは失業給付等に充てるための財源のほか、厚生労働省が行う「雇用保険二事業」を行うための財源も含まれているからです。

　雇用保険二事業とは、「雇用安定事業」「能力開発事業」のことを指し、雇用安定事業の一環として行われているのが「助成金」の制度です。つまり、財源はもともと会社が支払っているお金によるものですので、助成金を活用しない手はなく、むしろ「申請しなければ損」といっても過言ではありません。

　近年では、女性活躍推進を行う会社や介護離職を防ぐ取組みを行う会社に対しても助成金が出るようになっており、国が解決すべき課題として認識している分野において予算が確保される傾向にあるようです。

　助成金は会社が行う取組みによって色々な種類のものがありますが、以下にご紹介する助成金は、その中でも企業主導型保育所が特に

受給しやすいものです。要件を満たせそうならばどんどんチャレンジ
してみてください。

3　キャリアアップ助成金

　以下の各項目に該当する事業所は、本助成金を受給できる可能性が
あります。

□雇用保険に入っているパートタイマーまたは契約社員がいる

□上記パートタイマーまたは契約社員のうちの誰かを正社員にした
　いと考えている

□上記正社員登用の際、併せて昇給させることも考えている

□はじめから正社員を雇用するのはリスクがあるので、パートから
　始めて実力のある人を正社員に登用する制度をつくりたい

---

(1)　「キャリアアップ助成金」とは？

　有期契約労働者、短時間労働者、派遣労働者といった、いわゆる非
正規雇用の労働者の会社内でのキャリアアップ等を促進するための取
組みを実施した事業主に対する助成金です。

○参考：「非正規雇用の労働者」とは？

　キャリアアップ助成金の対象となるのは、「非正規雇用の労働者」
ですが、この非正規雇用の労働者とは、「正規雇用ではない労働者」、
つまり「時給制の労働者」「期間の定めのある労働者」「フルタイム勤
務ではない労働者」のいずれかに該当する労働者を指します。

　具体的にいえば、次のような方はすべて「非正規雇用の労働者」と
なります。

- フルタイムだけれど時給で働いている人
- フルタイムで月給制だけれど期間を定めて働いている人
- 月給制で期間を定めて雇用していないけれど、パートタイムで働いている人

[非正規雇用労働者とは]

契約期間	所定労働時間	給与形態
有期	フルタイム	月給制
		日給・時給制
	パートタイム	月給制
		日給・時給制
無期 (定年迄)	フルタイム	日給・時給制
	パートタイム	

→（転換）

[正規社員とは]

契約期間	所定労働時間	給与形態
無期 (定年迄)	フルタイム	月給制

(2) 企業主導型保育所には「正社員化コース」がおススメ！

キャリアアップ助成金には、6つの「コース（種類）」があり、それぞれコースごとに要件が異なります。

Ⅰ「正社員化コース」 　有期雇用労働者等を正規雇用労働者等に転換または直接雇用した場合に助成
Ⅱ「賃金規定等改定コース」 　すべてまたは一部の有期雇用労働者等の基本給の賃金規定等を増額改定し、昇給した場合に助成
Ⅲ「賃金規定等共通化コース」 　有期雇用労働者等に関して正規雇用労働者と共通の職務等に応じた賃金規定等を新たに作成し、適用した場合に助成

Ⅳ「諸手当制度等共通化コース」

　有期雇用労働者等に関して正規雇用労働者と共通の諸手当制度を新たに設け、適用した、または有期雇用労働者等を対象とする「法定外の健康診断制度」を新たに設け、延べ4人以上実施した場合に助成

Ⅴ「選択的適用拡大導入時処遇改善コース」

　労使合意に基づく社会保険の適用拡大の措置の導入に伴い、その雇用する有期雇用労働者等について、働き方の意向を適切に把握し、社会保険の適用と働き方の見直しに反映させるための取組みを実施し、当該措置により新たに社会保険の被保険者とした場合に助成

Ⅵ「短時間労働者労働時間延長コース」

　短時間労働者の週所定労働時間を延長するとともに、処遇の改善を図り、新たに社会保険の被保険者とした場合に助成

　上記6つのコースはどれか1つだけ選択しても、逆に複数選択しても問題ありません。このうち、企業主導型保育所が受給しやすいのは、「Ⅰ．正社員化コース」です。

Ⅰ．正社員化コース

　原則として事業所に6カ月以上雇用され、かつ就業規則に定めた要件を満たす非正規雇用の労働者を「正規雇用」や「無期雇用」にする場合に受給できる助成金です。

○厚生労働省：キャリアアップ助成金パンフレットより

正社員化コース　　　　　< >は生産性の向上が認められる場合の額、（ ）内は大企業の額

○ 有期雇用労働者等を**正規雇用労働者等**に**転換または直接雇用**した場合に助成

① 有期 → 正規：1人当たり　　　57万円＜72万円＞（42万7,500円＜54万円＞）

② 有期 → 無期：1人当たり28万5,000円＜36万円＞（21万3,750円＜27万円＞）

③ 無期 → 正規：1人当たり28万5,000円＜36万円＞（21万3,750円＜27万円＞）

<①～③合わせて、1年度1事業所当たりの支給申請上限人数は20人まで>

※ 正社員コースにおいて「多様な正社員（勤務地限定正社員、職務限定正社員および短時間正社員）」へ転換した場合には正規雇用労働者へ転換したものとみなします。
※ 派遣労働者を派遣先で正規雇用労働者または多様な正社員として直接雇用した場合に助成額を加算
・①③：1人当たり28万5,000円＜36万円＞（大企業も同額）
※ 母子家庭の母等または父子家庭の父を転換等した場合に助成額を加算
　（転換等した日において母子家庭の母等または父子家庭の父である必要があります）
・①：1人当たり95,000円＜12万円＞、②③：47,500円＜60,000円＞（大企業も同額）
※ 勤務地限定・職務限定・短時間正社員制度を新たに規定し、有期雇用労働者等を当該雇用区分に転換または直接雇用した場合に助成額を加算
・①③：1事業所当たり95,000円＜12万円＞（71,250円＜90,000円＞）　<1事業所当たり1回のみ>

【活用例】

• パートタイマーとして雇用したスタッフがよく頑張っているので、正社員にしてもっと多くの時間働いてもらいたい

• パートタイマーとして勤務している従業員を雇用期間の定めのない雇用契約とし、雇用契約の更新を気にせず安心して働いてもらいたい

(3)　キャリアアップ助成金を受給するための手順

○厚生労働省：キャリアアップ助成金パンフレットより

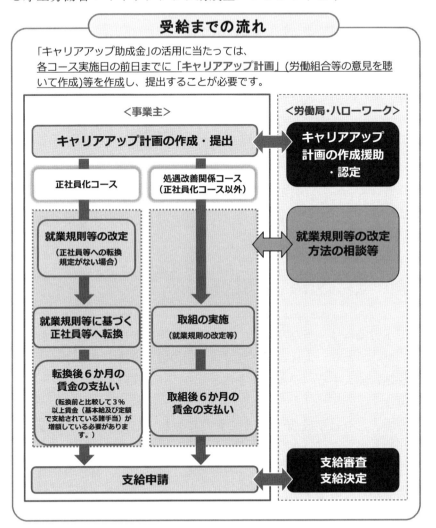

キャリアアップ助成金を受給するには「キャリアアップ計画書の作成」、「就業規則の改訂等」を行った後に正社員登用を行い、その後6カ月の賃金支払を行うというように、いくつかの手順を経る必要があります。

　この順番は非常に重要で、例えばキャリアアップ計画の認定が下りる前や就業規則を改訂する前に正社員登用をしてしまった場合、受給することが不可能になります。前記フローを重々ご参照のうえ、適正な手順を踏んでください。

　また、支給申請を行うにあたっては、次の事項にも留意する必要があります。

- 正社員登用時に社会保険に加入していること
- 登用日の前日から過去3年以内に正社員もしくは無期雇用労働者として雇用されたことがないこと
- 正社員登用前6カ月間に支払われた賃金より、正社員登用後6カ月後に支払われた賃金を3％以上増額させていること

　厚生労働省は（当たり前ですが）社会保険の未加入事業所をなくすのに熱心であり、正社員であれば（一定の個人事業主でなければ）社会保険に加入するのが義務化されるため、社会保険加入は必須要件となります。

　また、これは平成30年度から新たに加わった要件ですが、正社員登用にあたって「3％以上」、従前の賃金額から改善を行う必要があります。以前は労働契約の条件を変えるだけでよく、賃金の見直しは必要なかったのですが、それだけに、いわゆる「形だけ」の正社員登用を行う事業主も多かったため、それを是正する意味での改正であったと思います。

⑷　どのくらい受給できるのか？

　「正社員化コース」では、対象労働者1名あたり57万円（後述する「生産性要件」を満たせば72万円）が年間20名まで受給できます。つまり、1年間で最大14,400,000円を受給できるということで、これから本格的に正社員化を進めようとお考えの保育所にとっては非常に有効な助成金となります。

○補足：生産性要件とは？

　キャリアアップ助成金などの一部助成金は、事業所における「生産性を向上」させた場合、助成率が割増されるという「生産性要件」があります。

　生産性要件を満たすかの確認方法を以下に記載しますので、財務諸表を確認のうえ、もし当てはまるようでしたら助成金申請と併せて申請してください。

<生産性要件の確認方法>

①助成金の支給申請を行う「直近の会計年度」およびその「3年度前の会計年度」それぞれにおける「営業利益＋人件費＋減価償却費＋賃借料＋租税公課」の合計を「雇用保険の被保険者数」で割る（＝生産性）。

②上記①で算出した値が、「直近の会計年度と3年度前の会計年度を比較して6％以上改善していること」または「直近の会計年度と3年度前の会計年度を比較して1％以上改善しており、かつ金融機関から一定の事業性評価（※）を得ていること」

　※事業性評価……都道府県労働局が助成金を申請する事業所の承諾を得たうえで、事業の見立て（市場での成長性、競争優位性、事業特性および経営資源・強み等）を与信取引等のある金融機関に照会し、その回答を参考にして割増支給の判断を行うもの。

4 両立支援等助成金（育児休業等 支援コース）

　両立支援等助成金（育児休業等支援コース）とは、「中小企業事業主」が「育休復帰支援プラン」を作成し、かつ、そのプランに沿って労働者に次のような措置を行った場合に受給できる助成金です。

---

　a．育児休業を取得させ、職場復帰させた場合
　b．育児休業取得者の代替要員を確保し、育児休業取得者を原職に
　　復帰させた場合

　保育所においては女性の従業員が多く、産休・育休を行う従業員の割合も他の業界より高めですので、その分、受給のチャンスも多くなります。

(1) どうすれば受給できるか？

　本助成金には、「育休取得時」「職場復帰時」「代替要員確保時」「職場復帰後支援」の４種類の助成があります。

　下記にそれぞれ概要と支給要件を記載していきます。

ア．育休取得時助成

　育休復帰支援プラン（※）を作成し、プランに基づき育児休業を取得させた場合に受給できる助成金です。

（※）育休復帰支援プランとは

　　育休復帰支援プランとは、労働者の育児休業の取得・職場復帰を円滑にするため、育児休業者ごとに事業主が作成する実施計画のことです。休業に入る前の業務棚卸しや引継ぎの実施方法、休業中の職場情報の提供の実施などを盛り込みます。

イ．職場復帰時助成

　上記「育休取得時」の対象労働者の同一育児休業について職場復帰させた場合に受給できる助成金です。

　育休取得者の業務を代替する職場の労働者に、業務代替手当等を支給するとともに残業抑制のための業務見直しなどの職場支援の取組みをした場合、さらに加算がつきます（職場支援加算)。

ウ．代替要員確保時助成

　育休取得者の代替要員を確保し、かつ育児休業取得者を原職等に復帰させた場合に受給できる助成金です。

　育児休業者が有期雇用労働者の場合、さらに加算がつきます（有期雇用労働者加算)。

エ．職場復帰後支援助成

　法律を上回る子の看護休暇制度を導入し、育児休業復帰後の労働者に利用させた場合または保育サービス費用補助制度（ベビーシッター費用補助など）を導入し、育児休業復帰後の労働者に利用させた場合に受給できる助成金です。

(2) 両立支援等助成金を受給するための手順

それぞれの助成の手順と流れについては以下をご参照ください。

〇支給申請の流れと手順（厚生労働省：両立支援等助成金パンフレットより）

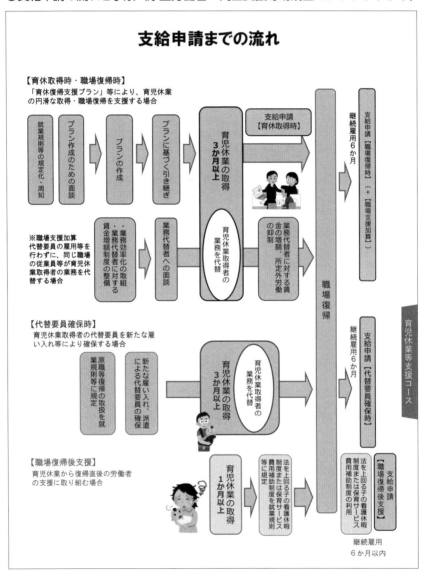

ポイントとしては、「時系列を崩さないこと」が大切です。

育休取得時助成においては「従業員との面談」→「プラン作成」→「引き継ぎ」→「育休開始」となりますが、例えば面談実施前にプランを作成したり、育休開始後にプランを作成した場合には受給できなくなります。

また、代替要員確保時助成においては、当該要員として確保された時期が「育児休業取得者（もしくはその配偶者）の妊娠の事実を事業主が知った日以降」であることとされており、ここでも時系列が重要となってきますので、順番が前後しないようご注意ください。

(3) どのくらい受給できるのか？

両立支援助成金で受給できる金額は、以下のとおりです。

支給額

1年度とは令和2年4月1日から令和3年3月31日の期間を指します。
( )内の金額は、生産性要件を満たした場合の支給額です。

		支給額	支給人数/回数
[1]育休取得時		28.5万円 (36万円)	1事業主2回まで (無期雇用者・有期雇用者 各1回)
[2]職場復帰時		28.5万円 (36万円) 職場支援加算：19万円 (24万円)	1事業主2回まで (無期雇用者・有期雇用者 各1回)
[3]代替要員確保時		47.5万円 (60万円) 有期雇用労働者加算：9.5万円 (12万円)	1年度 延べ10人、5年間 (くるみん認定を受けた事業主は、令和7年度まで延べ50人を限度に支給します)
[4]職場復帰後支援	子の看護休暇 制度導入時 ※1	28.5万円 (36万円)	1事業主1回
	子の看護休暇 制度利用時	1,000円(1,200円)×時間	1事業主5人まで ※2 (1年度200時間(240時間)まで)
	保育サービス費用補助 制度導入時 ※1	28.5万円 (36万円)	1事業主1回
	保育サービス費用補助 制度利用時	事業主負担額の3分の2	1事業主5人まで ※2 (1年度20万円(24万円)まで)

※1 「子の看護休暇」または「保育サービス費用補助」のいずれか一方の制度のみ申請可能です（制度導入のみの申請は不可）
※2 「制度利用時」については、1人目に係る支給申請日から3年以内に5人までです。

※ 厚生労働省：両立支援等助成金パンフレットより

育休取得者がいれば何度でも申請ができるわけではなく、会社ごとに回数制限がありますので注意してください。

5　助成金獲得のためのポイントと留意点

前述のとおり、助成金は要件を満たせばほとんどの会社で受給でき、かつ返済が不要という、いいことづくめのお金です。ですが、助成金を申請しようとする際には必ず押さえておかなければならない重要なポイントが4つあります。申請の際には十分にご留意ください。

(1)「解雇」はNG！

厚生労働省が助成金を支給する目的は何でしょうか？

それはズバリ、「雇用の創出を図るため」です。就職が困難な人を雇用したり、従業員のための制度を整えたりという、従業員のための施策を行った事業主を応援するために助成金があるといっても過言ではありません。これは裏を返せば、「雇用を減らす行為」をする会社を厚生労働省は応援したくないということです。

つまり、「雇用を減らす行為」の最たるものである「解雇」を行った会社は助成金を受給することができません（ただし、労働基準監督署の認定を受けた懲戒解雇や天災等により事業の継続が困難となったことに伴う解雇を除きます）。

(2)「既に実施している」場合はNG！

各助成金の解説の中でも繰り返し説明しましたが、「既に実施した後」に助成金を申請しても、受給することはできません。

助成金の流れの鉄則は「①計画」→「②実施」→「③支給申請」です。

　ほとんどの助成金は、流れとしてまず「計画」を作成して労働局（ハローワーク）に提出し、その認定を受けてから実施しなければ対象になりません。

　さらに、実施した後に添付書類を整えて「支給申請」を行わなければ受給できず、この添付書類が足りなければせっかく申請しても受給できないことがありますので、事前にしっかり準備し、早め早めに手続きを行うことが重要です。

(3) 助成金は「後からもらえる」！

　厚生労働省の助成金は制度等を「実施した後」、申請をしてから一定期間してからもらえるものです（おおむね3～6カ月、件数の多い助成金であれば1年ほどかかることもあります）。よって、その間は当然、会社がその費用を持ち出ししなければなりませんので、資金繰りには注意が必要です。

　また、助成金を受給する目的で制度を導入することも、あまりおすすめしません。助成金は「ちょうどやりたいと思っていたこと」「やろうとしていたこと」に対して申請を行うのが、最も上手い活用方法です。

(4) 助成金は「毎年」変わる！

　助成金は厚生労働省の予算が財源となっており、その予算がなくなれば年度途中であっても打切りになってしまうこともあります（特に要件を満たすのが容易で、かつ金額が大きい助成金は早々に打切りになります）。

　また、毎年度ごとに助成金はリニューアルされますので、打ち切られる助成金が出てきたり、逆に新たに開始されたり要件が変わったりする助成金も出てきます。

助成金は厚生労働省の方針次第でいつ変更・打切りになってもおかしくありません。そのため、「もらえるときにすぐ申請する！」ことが助成金受給の重要なポイントです。

　本助成金の申請手続き等の詳細につきましては、厚生労働省のホームページをご覧ください。

第4節 人材獲得のための戦略と組織づくり

　企業主導型保育所において、「いい人材が集まらない」「募集しても
なかなか人が来ない」「せっかく採用してもすぐに辞めてしまう」と
いう声をよく耳にします。良い人材の獲得と定着は、保育業界に限ら
ず、福祉業界全体にとって非常に深刻な問題です。

　近年では保育業界においては求人広告を出したとしても、ハロー
ワークなどの無料広告はもちろん、有料広告を出したとしても保育士
などの有資格者はなかなか応募が来ず、やむなく人材紹介会社を経由
して高額な紹介手数料を支払ったり、人材派遣を利用することによっ
てどうにか人材を確保しているというのが現状です。

　しかし、理念の部分でもお話したとおり、これからの保育所は「い
かに従業員にとって魅力ある職場にできるか」ということを考えてい
かなければなりません。

　つまり、「人をどこから集めてくるか」ではなく、「どうしたら（自
発的に）人が集まってくるか」を考えていく必要があります。ここで
は、そのための1つの考え方についてお話していきます。

○参考：「人が集まる」保育所になるためのステップ

> **「人を集める」事業所ではなく、**
> **「人が集まる」事業所になるステップ**

フェーズ①→認知・啓発
　まずは自分の事業所を「知って」もらう必要がある。

フェーズ②→理念・ビジョンの明確化
　「ここで働きたい！」と思わせる強力で一貫性のある理念とビジョンを
打ち出す必要がある。

フェーズ③→人事考課・キャリアパス制度の構築
　できる限り公平で、働きがいがあり、豊富な経験が積め、自分の将来が
イメージできる制度をつくる必要がある。

1　人材が保育所を選ぶ過程、人材のニーズ

　人材が保育所を選ぶ際、当然のことながら闇雲に選んでいるわけで
はありません（仮に「手当たり次第に受けている！」という方がいる
としたら、そうした人材を採用される際は十分に検討することをおす
すめします）。

　では、どうやって自ら働きたい保育所を選んでいるのでしょうか？

　一言でいえば、「自分の持っているニーズ」によってつくられた
「自分の中の選択肢」から選んでいます。この選択肢から選ばれる事
業所になることが、人材の募集・採用のうえでのポイントとなります。

　人材が選択肢をつくるまでには、いくつかの過程があります。

　まずはすべての保育所の中から「認知」し、そこから自分のニーズ
と照らし合わせて「考慮」し、さらには考慮した中から候補として
「選択肢」になり、この段階になって初めて応募へと至ります。これ
はマーケティングの分野において「セット」を形成するという考え方

です。これは大きく分けて「全体セット」「認知されたセット」「考慮されたセット」「選択肢セット」に分けられます。

---

①全体セット
　→人材が選択するしないにかかわらず、存在する選択肢すべてのこと。
②認知されたセット
　→上記①のうち、人材が「認知した（存在を知った）」選択肢のこと。
③考慮されたセット
　→上記②のうち、人材が自分のニーズに照らして厳選した選択肢のこと。
④選択肢セット
　→上記③のうち、人材が実際に応募した選択肢のこと。

　意識しているか無意識かにかかわらず、人材は上記のように少なくとも4つの段階を得て応募する保育所の「取捨選択」を行っているのです。

　例えば、仮に甲さんという方が就職活動をしているとします。

　甲さんは保育の経験はないですが、仕事を通じてなにか社会貢献をしたいと、転職してどこかの保育所で働きたいと考えています。また、職場は「なるべく自宅から近いところがいい」と考えており、さらに、保育士の資格を持っていないので、「資格を所持していなくても雇用可能」な保育所や「資格取得のための福利厚生のある」保育所で働きたいと考えています。

　甲さんは、「保育所って、どんなものがあるのか？」と考え、まずは求人サイトや転職サイト、求人誌を見ることにしました。

　その後、数あるの求人の中から「自分の自宅から近い」保育所をピックアップし、その中からさらに求人内容や会社ホームページを見て、「資格未所持でもOKなところ」「資格取得のための応援制度のあ

るところ」を厳選し、最終的にC保育所、D保育所の2つに応募することになりました。

　面接後、C保育所、D保育所どちらも内定をもらえましたが、面接官の話から、D保育所のほうが研修制度や資格取得支援制度が充実し、未経験者でもキャリアアップを目指しながら働くことができると考え、D保育所に決定しました。

[人材が保育所を選ぶまでの過程]

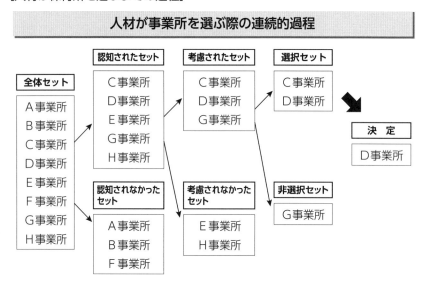

　上記のように、人材はまず「自分のニーズ」を持ち、それを叶えられる可能性のある事業所を多くの「選択肢」の中から検討しています。人材募集にあたっては、まずはこのことを念頭に置かなければなりません。

　では、選ばれる保育所となるためには具体的にどのような施策を行えばよいのでしょうか？

　ステップごとにその方法や考え方を解説していきます。

2　ステップ1：事業所を「知ってもらう」

　人材を募集する際、まずは「自身の事業所がある」ということ、つまり「存在」を知ってもらわなければなりません（認知）。存在すら知らなければ、そもそも選択肢の中にすら入れないからです。よって、まずは事業所を広く知ってもらうための「啓発」をする必要があります。

　有効な事業所の啓発手段としては、ホームページやブログの開設、地域での広報活動（例えば広報誌の発行、説明会の開催、インターンの募集など）、そして求人誌や求人サイトへの掲載等が挙げられます。

　最近では求人誌等の内容だけではなく、ホームページやブログで実際の事業所の経営方針や職場の様子も確認して応募する人材が増えてきていますので、求人誌だけ、ホームページだけ、と特定のツールに集中せず、総合的にとらえて整えていくことが重要です。

3　ステップ2：事業所の「思いを伝える」

　人材に事業所を認知してもらうことができたならば、次は「応募したい」と思ってもらわなければなりません。そのためには、まず事業所のことを人材によく知ってもらうことが必要です。

　事業所の基本情報（所在地や事業内容）はもちろんですが、それだけでは十分ではありません。「応募したい！」と思わせるためには、経営理念や目指しているビジョン、あるいは事業所で行っている挑戦的な取組みなど、応募しようとしている人の心の琴線に触れ、「感情」を動かすようなエモーショナルなメッセージを、求人情報やホームページ等に載せていくことが必要になってきます。

　また、事業所がどのような人材を求めているかが伝わるよう「求め

る人物像」をきちんと載せておくことも大事です。事業所側で「こういう人材がほしい」と選択肢を狭めてしまうことは、人によっては抵抗があるかもしれませんが、これにはマーケティングにおける「ターゲティング」と同様の効果が期待できます。

　事業所として「求める人物像」を記載しておけば、それに合致しない人、あるいは方向性が違う人はそもそも応募には至りませんので、余計な面接の手間や採用後のミスマッチを回避することができますし、逆に「求める人物像」に近い人材であれば「この事業所は自分のことを必要と思っている！」と考え、求心力を高める結果にもなります。

4　ステップ3：「働きたい」と思ってもらう

　人材にとって複数の事業所が選択肢に残り、いずれも応募したいと思ったとします。その中から最終的に事業所が選ばれるためには、「応募したい」だけではなく、「この事業所で働きたい！」と思ってもらうことが必要です。

　言い換えれば、その事業所で採用された後、経験やキャリアを積んでいくイメージを持てるようにすること、事業所で働くことに希望と期待を持ってもらうことが重要になってきます。これは採用後の定着率を高めるためにも非常に大切です。

　このようなイメージを持っていただくためには、例えば人事考課制度や評価制度、そして資格取得支援などのキャリアアップ制度の整備や拡充、しっかりとした研修体制の構築、さらには福利厚生の充実など、現に働いている方々にもメリットがあるような職場環境・制度づくりをしていく必要があります。

[選ばれる事業所になるためのステップのまとめ]

①「認定されたセット」になるための方策

「知ってもらう」 ➡ ホームページやブログの設置・運営
地域での広報活動（広報誌、説明会、インターン）
求人誌、ハローワークでのPR

②「考慮されたセット」になるための方策

「思いを伝える」 ➡ 理念、ビジョンの明確化
事業所としての挑戦や取組みの紹介

③「選択肢セット」になるための方策

「働きたい」と
思ってもらう ➡ 人事考課。評価制度、キャリアパスの構築
研修制度の構築
福利厚生の充実

　どの施策も内部における日頃からの努力が必要であり、効果が出るまでには相当の期間が必要になってくるでしょう。しかし、これらを地道に行っていけば確実に人材にとって魅力的な職場環境をつくることができ、また事業所にとっての人材採用・定着のための貴重な財産となります。

[第5章]

企業主導型保育所 「にじの園」 の紹介

　ここからは筆者が経営している企業主導型保育所「にじの園」をご紹介します。実際に園で取り入れている経営方針や労務における施策等をお伝えしていきますので、皆様の企業主導型保育所の経営に少しでもお役に立てますと幸いです。

企業主導型保育所　「にじの園」

事業類型：保育事業者型

所 在 地：埼玉県川口市東領家２－30－21

定　　員：19名（１歳２名、２歳２名、３歳５名、
　　　　　４歳５名、５歳５名）

開所時間：７：30 ～ 18：30　月～金（祝日は除く）

保 育 料：０才 37,100円　１～２歳　57,000円
　　　　　３歳以上　０円

第1節　保育理念

「こころが健康な子どもに育つ」

　にじの園では、保育方針として「こころが健康に育つ」を掲げています。

　私たちが保育において一番大切にしている方針であり、「こころが健康である」ためには「真に自分らしくあることができる環境」を提供することが必要だと考えています。

　「自分らしく生きる」という選択をすると、ときには親や周囲が望んでいる期待に応えられない場合もありますし、周りから批判されることもあるかもしれません。自分の真の望みを叶えようと努力することは、非常に精神力を要する大変な作業です。

　しかし、身体が健康であっても、心（精神的）が健康でなければ何もできず、「心から満たされている感覚」は得られないと、私達は考えています。

　子ども達には自分らしさやありのままの自分を表現することで、心が健やかに感じられ、幸せで満たされていくような人生を送ってほしいと心から願っています。

 **第2節　保育方針**

　保育方針については、前記保育理念のもと、次の5つの保育方針を掲げています。

1　「子どもの主体性を大切にします」

　子どもたちは、自分で興味を持ったことは、大人の想像以上に力を発揮して取り組みます。日頃から自分で教具を選んだり、保育者が選択を促すような問いかけをすることで、子どもたちの自発性を最大限に引き出す援助をします。保育者は、子どもに何かを教える立場ではなく、あくまで子どものしたいことを適切に行うためのサポートに徹します。子どもとの関わりを大切にしながら、1人ひとりの発達を見守る保育を行います。

2　「異年齢との関わりの中で、人との接し方を考える環境を提供します」

　にじの園では、年齢でクラス分けをしておらず、異年齢の子どもと交流できる保育をしています。子どもは、子ども同士で学び合うことも多いのです。

　自分より年上の子をみれば良きお手本となり「あんなふうにできるようになりたい！」と思い、自分より年下の子をみれば「お世話したい！」と思う、そのような気持ちや意欲は、異年齢児と関わる保育環境下では自然と育まれます。

お互いを思いやり、助け合う経験を通して、社会のルールを身につけていくとともに、異年齢との関わりの中で、人との接し方を考える環境を提供します。

3 「肌で自然に親しみ、五感を楽しめる環境を提供します」

現代は情報が溢れ、たえず思考が刺激されています。

ですが、思考だけでなく、感覚や体を鍛えることは、人が心身のバランスをとるために、大変重要なことです。

教具や葉っぱや砂など、様々な素材を触ったり外にいることで触覚を、風の音や水の音や音楽をきくことで聴覚を、虫の動きや他の園児や先生がやることをよく観察することなどで視覚を、公園のお花や精油や自園調理による給食の香りによって嗅覚を、旬の食材をふんだんに使ったこだわりの給食で味覚を刺激し、五感を伸ばすサポートをする保育を行います。

4 「たくさん体を動かし、じょうぶな体を作る環境を提供します」

日々、子ども達は自ら積極的に体を動かし、遊びを通して、常に運動しています。走ったりジャンプしたりすることで体力づくりをし、転んで擦り傷をつくったりしながらバランス感覚を習得しています。

じょうぶな体は、たくさん体を動かすことによって自然と培われますので、屋外遊びやお散歩を積極的に行います（粗大運動）。

また、室内あそびにおいては、手洗い、指先の発達を促す環境づくりも心掛けます（微細運動）。

たくさん体を動かし、じょうぶな体をつくる環境を提供します。

5　「愛情がつまった無添加・無農薬の手作り給食で、食への感謝や興味を育む環境を提供します」

　管理栄養士による考え抜かれた献立、調理スタッフによる愛情たっぷりの給食・おやつ、無添加・無農薬の食材、こだわりの調味料などによって「心身の健康」に必要な栄養を提供します。

　食事の時間には、食材や味覚を知るだけでなく、お手伝いできる子どもたちは自ら配膳準備をし、食事を味わう楽しい時間を過ごし、後片付けまでの「食」に関わる一連の体験を得ながら「食の大切さ」を学んでいきます。

保育内容の特徴

1 モンテッソーリ教育の導入

　保育の特徴として、にじの園ではまず「モンテッソーリ教育」の要素を大きく取り入れています。モンテッソーリ教育はイタリアの医学博士であるマリア・モンテッソーリが開発した教育法です。

　通常、保育室では遊具等は片付けられた状態にあり、保育者が適宜プログラムやタイミングによって遊具を選択し、子ども達に提供する形となっています。これは一斉保育においては時間管理や子ども達の行動を把握しやすく、非常に有効なのですが、私たちはそうではなく、「子ども達に自分のタイミングで、自分の興味を持ったものを選択して取り組んでほしい」と考えています。

　そのために、モンテッソーリ教育に倣い、にじの園においては保育室には常に「教具」と呼ばれる玩具（教材）が並べられており、子ども達が常にそれを手にとることができる配置にしています。

　「教具」はモンテッソーリの感覚教育法に基づく教材で、モンテッソーリとその助手たちが開発したとされています。形、大きさはもちろん、手触り、重さ、材質にまでこだわり、子どもたちの繊細な五感をやわらかく刺激するよう配慮がなされたものを使用しており、この教具を通し、暗記ではなく経験に基づいて質量や数量の感覚を身につけることができ、さらに日常生活に必要となる様々な動作を習得することができます。

2　無添加・無農薬の食材による給食

　にじの園の保育理念は「こころが健康な子どもに育つ」ですが、こころの健康のためには、その基盤となる「からだの健康」も非常に重要であると考えています。

　そのため、にじの園では給食、特に食材に非常にこだわっており、米、野菜、肉、調味料にいたるすべての食材に、こだわりのものを使うのはもちろんのこと、食器や調理器具においても安心な材質のものを使用しています。

　お米は、秋田県の自然栽培米ササニシキ。6年以上、農薬・化学肥料を使っていない田んぼで作られた最高級のお米を玄米で仕入れており、毎朝、精米しています。卵も鶏は平飼いで、エサは抗生物質や遺伝子組み換え作物不使用のもの。

　お塩は自然塩、お醤油は有機醤油など、すべての調味料を厳選し、旬の食材は農家さんから直送してもらっています。

　調理器具もこだわっており、フライパンは鉄製、その他の調理器具もアルミではなくステンレス製です。

3　子ども達のありのままを受容する保育

　にじの園においてもっとも重要視している特徴です。身体能力の向上や勉学における知識の習得ももちろん大事ですが、私たちは幼児期において重要なのは「自己肯定感」であると考えています。自らを価値ある存在だと認識することで、自分や他者に寛容になり、また自らに対しての根本からの自信も身につくものであると考えています。

　「○○ができるから私は認められる」「○○ではないから私には価値がない」など、保育者や世間的な判断基準で子ども達に接するのではなく、「あなたはあなたのまま、それだけで価値がある」と、その子

の存在そのものを肯定できるような保育を心がけ、実践するように努めています。

第4節　職員への待遇等について

「職員さんも、心が健康で働く」

　子ども達が楽しく健やかに過ごすためには、まず、職員が楽しく健やかに過ごすことが必須であると考えています。周りの大人たちが楽しく生きる姿を子ども達に見せることで、子ども達が「人生とは楽しいものなんだ」と感じることこそ、何よりの教育だと考えます。

　保育人材の不足が問題視されている昨今において、保育所における保育人材、特に優秀な人材の確保は年々非常に難しくなっています。そのようななかで優秀で向上心のある保育人材に少しでも働きやすい環境を提供するため、にじの園では次のような職員への「お約束」を掲げています。

1　「職員さんの体と心の健康に配慮します」

　楽しく働くためには、体の健康がベースとなります。

　体が健康であるための基本は、不要なものを摂取せず体が本当に必要とするものを摂取すること、不要なものを輩出できる体であることが必要であると考えています。そのため、まず食事面での施策として、職員には園児に提供しているのと同じ無添加・無農薬のこだわり給食を安価で召し上がっていただいています。

　また、保育室にはアロマディフューザーを焚いています。芳香成分は体に影響を与え、免疫力をあげたり、自律神経やホルモンバランスを整えたりと、様々な効果が期待できます。

2 「ゆとりをもって業務にあたれるよう配慮します」

　にじの園では定員19名という少人数保育を行っているため、1人ひとりの子どもにじっくり関わることが可能です。

　また、行事を少なくしたり、書類作成や業務内容を見直したり、ITを活用することで、業務を最小限・効率的・スピーディーに進める工夫を常にしています。よって、持ち帰りの大量の残業はなく、希望休も仕事とプライベートの両立のため、可能な限りシフトに反映しています。

　さらに、お昼休憩も子ども達が寝ている部屋と同室などではなく、保育室から離れた専用の休憩室で、きっかり1時間とっていただいています。

第5節 職員との関係性について

　にじの園では、「園長には逆らえない」というある種トップダウンのような雰囲気ではなく、可能な限り上も下もなく、職員1人ひとりがフラットに運営に参加できる組織を目指しています。それは資格の有無や常勤・非常勤という垣根なく、どのような立場の職員からの意見も、運営に反映させていきたいという考えがあるからです。

　また、にじの園では園児の定員が少ないため、職員数も少なく、必然的に職員同士のコミュニケーションが密接なものになります。そのため、本音で話し合える信頼関係の構築を重要視し、必要であればその都度話合いを行っています。

　話合いにおいては「何（誰）が正しくて・何（誰）が間違っているのか」などを突き詰めるのではなく、まずは「自分を省みること」「相手に共感しようとすること」を重要視し、対立するのではなく、お互いを尊重し、満たしあえる関係をつくることを目指しています。

　そのうえで、どうすれば保育方針の達成に近づき、より良い保育所になっていくのか、みんなで考えていきたいと考えています。

第6節　経営方針と戦略について

　ここまで、にじの園の保育所としての特徴を述べてきましたが、ここからは実際の経営や実践している戦略についていくつかお話していきます。

1　理念の明確化

　筆者が保育事業参入の際にもっとも重視していたのが「保育理念」です。

　他業種でも同様のことがいえますが、顧客や人材を惹きつけるためには「特徴的」かつ「共感できる」理念を掲げ、実践を行う必要があると考えていました。

　特に企業主導型保育所の場合は認可保育所とは異なり、利用者からの直接申込み、直接契約であることから、他の保育所との差別化をしなければ利用者からは選ばれず、将来的に生き残っていくことはできません。そのため、まず保育理念を徹底的に話し合うことからスタートしました。

　そこから保育方針も生まれましたが、起業当初に想定していた内容との相違や職員からの意見により何度か見直しを行っており、現在も実態に即した形になるよう、常にブラッシュアップしています。

2　企業枠の確保について

にじの園が保育事業者型の企業主導型保育所である関係上、切って

も切り離せない課題となるのが「企業枠」の確保です。

　前述のとおり、企業主導型保育所はその定員の半数以上が企業枠からの利用者でなければなりません。しかし、地域枠が利用希望者との直接契約であるのに対し、企業枠は「企業との」契約が必要であることから、利用者を確保することが容易ではありません。よって、企業主導型保育所の経営においてはこの「企業枠の利用者をどう確保できるか」が最も重要な要素となります。

　そのため、企業枠確保のための戦略として、にじの園では次のような施策を講じています。

(1)　小規模保育所における説明会の開催

　筆者が経営するにじの園の運営主体である「合同会社サニー・プレイス」では、にじの園のほかにもう1つ、「ひだまりの園」という、埼玉県川口市の認可を受けた小規模保育所（B型）を経営しています。

　ひだまりの園は小規模保育所である関係上、0歳児から2歳児までしか保育を行うことができませんが、このひだまりの園を利用していただいている保護者の方には当社の保育理念に共感していただいている方も多く、何より実際に当社の保育を利用してくださっていますので、日頃から職員を通して信頼関係も形成されています。

　このひだまりの園の保護者の方に「にじの園」を周知したり、にじの園におけるイベント（試食会など）のご案内をすることで、まずは地域枠を含む全体的な利用者の確保に努めています。

(2)　近隣企業への周知

　にじの園のもう1つのメリットは、その立地です。保育所のある場所自体は埼玉県川口市の「東領家」という、東京都足立区との境目にある駅からは遠い立地にあります。一見不便そうに思えますが、実は

中小企業の工場や本社が集中している地域であり、そのため近隣企業への企業主導型保育所に対しての協力を仰ぎやすく、周知や広報活動を行うのに絶好の拠点となっています。

　正直、最初からそれを意図して立地を決定したわけではないのですが、企業枠の確保のためには大前提として企業、特に大々的な育児休業のための施策を単独では講じにくい中小企業が近隣に多数存在する必要があります。そのため、結果としてにじの園の立地は企業主導型保育所を運営するのに非常に適しており、近隣の企業等を巻き込んでの活動が可能となっています。

(3) 利用希望者からの「逆引き」による企業枠の確保

　近隣企業への広報活動のほか、にじの園で行っている企業枠確保のためのもう1つの施策が、「利用希望者からの逆引きによる提携企業の確保」です。にじの園に申込みがあった場合、申込みいただいた保護者と面接を行いますが、その際、勤務先の企業において企業枠を検討いただくことが可能かを必ず確認しています。そしてその見込みがある場合に当該勤務先の企業の方に直接お会いし、企業枠としての契約ができないかどうかを交渉するようにしています。

　企業枠の確保において最も難しいのは、いたずらに企業を訪問しても、「実際に保育の必要性のある従業員がいない」と保育の利用には結びつかないということです。ですが、実際に保育を必要としている保護者の方を雇用している企業であれば現にニーズがあるわけですので、企業枠としての協力を仰ぎやすく、とても有効な手段となっています。

　また、にじの園の利用希望者には自営で事業を行っている方も多いため、社会保険に加入している方であれば協力が仰ぎやすい環境となっているのも助かっている点です。

3　従業員のモチベーション向上のために

　にじの園では従業員のモチベーションの向上と情報の共有のため、次の2つの制度を設けています。

(1)　「全体ミーティング」の開催

　にじの園では、小規模保育所ひだまりの園の職員と合同で、毎月1回4時間程度、土曜日に「全体ミーティング」を開催する機会を設けています。

　このミーティングは保育従事者かどうかや常勤か非常勤かに限らず、原則として全員参加としており、ここで保育や調理についての情報共有や各園における問題点のシェア、そして研修や後述するコミット制度の発表などを行っています。

　保育所における開設当初からの一番の課題は、「職員間における情報の共有や連携のための話合いの機会をどうつくるか」でした。

　筆者は保育所開設の前から社会保険労務士事務所を経営していましたが、多忙な日常業務のなか、職員同士の意思疎通の機会を設けることが非常に重要であると痛感していました。しかし、社会保険労務士事務所のようなパソコン中心の仕事であればいざ知らず、保育所は日中は常に子どもに気を配っていなければならないため、話合いの時間を設けるとしたら業務の開始前または終了後、もしくは午睡の時間中しかありませんでした。しかし、平日に開催するとどうしても参加できる職員が限られてくるのに加え、まとまった時間の確保が難しいため、試行錯誤を経て土曜日の午前中における開催に落ちつきました。

　この場は私達の保育所において非常に重要で、職員同士の数少ない意見交換や提案の場であり、また筆者や園長の考えを職員へ伝えるための場ともなっています。

⑵ 「コミット制度」の導入

　こちらはごく最近に試験的に導入し始めたものですが、職員の間で好評であったので継続的な運用を考えている制度です。

　コミット制度とは、職員が四半期ごとに「自らが保育所において取り組む課題」を掲げて所定の「コミットシート」に落とし込んだうえでその課題の達成に取り組み、その結果を四半期ごとに全体ミーティングにて発表する、という制度です。

　保育所における保育（調理も含む）は業務的には同様のオペレーションの反復であり、ともすればマンネリ化によって日々同じ業務が見直されることもなく繰り返される……ということにもなりかねません。そのため、職員の自己学習・自己啓発を促す意味で自ら目標をたてていただき、またその目標や取組みの結果を他の職員とシェアすることで、常に自らの中に「課題」をもって保育を行うことができるような仕組みとして当該制度を設けています。

　なお、このコミット制度では一定の制限はありますが、取り組む課題に対しての予算支出を認めており、たとえばモンテッソーリ教育について学びたいという職員に対して、関連書籍の購入や研修参加等に係る費用を会社に請求できるようなシステムとしています。

［巻末付録］

[○雇用契約書]

<h1 style="text-align:center">雇用契約書</h1>

令和　　年　　月　　日

＿＿＿＿＿＿＿＿＿＿＿＿殿	
	事業場名称・所在地　埼玉県川口市東領家２丁目３４番３号 　　　　　　　　　　　ディアコート川口１階 使 用 者 職 氏 名　合同会社サニー・プレイス 　　　　　　　　　　代表社員　髙橋　悠

契約期間	令和　　年　　月　　日から期間の定めなし ※以下は、「契約期間」について「期間の定めあり」とした場合に記入 1　契約の更新の有無 　［自動的に更新する・更新する場合があり得る・契約の更新はしない・その他（　　　）］ 2　契約の更新は次により判断する。 　・契約期間満了時の業務量　　　・勤務成績、態度　　　　・能力 　・会社の経営状況　・従事している業務の進捗状況 　・その他（　　　　　　　　　　　　　　　　　　　　　　　　）
就業の場所	埼玉県川口市東領家２−３０−２１（にじの園） 埼玉県川口市東領家２−３４−３　ディアコート川口１Ｆ（ひだまりの園）
従事すべき 業務の内容	保育業務全般（絵本の読み聞かせ、外遊び引率、食事補助、連絡帳記入など） 各種イベントの企画運営（クリスマス会、入園・卒園式など） ※状況に応じて「ひだまりの園」でも勤務を行う場合がある。
始業、終業の 時刻、休憩時 間、就業時転 換（(1)〜(5) のうち該当す るもの一つに ○を付けるこ と。）、所定時 間外労働の有 無に関する事 項	1　始業・終業の時刻等 　(1) 始業（　７時００分　）　終業（　１８時００分　）までの間で一日８時間以内 　※具体的な勤務日、勤務時間についてはシフトによる。 　【以下のような制度が労働者に適用される場合】 　(2) 変形労働時間制等；（　）単位の変形労働時間制・交替制として、次の勤務時間 　　の組み合わせによる。 　┌　始業（　時　分）終業（　時　分）　（適用日　　　　　） 　│　始業（　時　分）終業（　時　分）　（適用日　　　　　） 　└　始業（　時　分）終業（　時　分）　（適用日　　　　　） 　(3) フレックスタイム制；始業及び終業の時刻及び勤務日については労働者の決定に委ねる。 　(4) 事業場外みなし労働時間制；始業（　時　分）終業（　時　分） 　(5) 裁量労働制；始業（　時　分）終業（　時　分）を基本とし、労働者の決定に委ね 　　る。 　○詳細は、就業規則第８条参照 2　休憩時間　労働時間が６時間以内の場合は３０分 　　　　　　　労働時間が６時間を超える場合は４５分以上 　　　　　　　労働時間が８時間を超える場合は６０分以上 3　所定時間外労働の有無（　有　）
休　　　　日	シフトにより週２日以上
休　　　　暇	1　年次有給休暇　６か月継続勤務した場合→　　法定通り 　　　　　　　　時間単位年休（有） 2　代替休暇（有）

（次頁に続く）

賃　　　金	1　基本賃金　月給　　　　　　　円
	2　諸手当の額又は計算方法
	3　所定時間外、休日又は深夜労働に対して支払われる割増賃金率 　　イ　所定時間外、法定超　月６０時間以内（　２５　）％ 　　　　　　　　　　　　　　月６０時間超　（　５０　）％ 　　ロ　休日　法定休日（　３５　）％ 　　ハ　深夜（　２５　）％ 4　賃金締切日　毎月末日 5　賃金支払日　翌月２５日 6　賃金の支払方法　現金支給（労働者の同意を得た場合は振込とする） 　7　労使協定に基づく賃金支払時の控除（有（　給食費　）） 　8　昇給　　随時人事考課によって見直す 　9　賞与（　有　）年2回（それぞれ基本給の１ヶ月分） 10　退職金（　有　）
退職に関する事項	1　定年制　（　有　（６５歳）　） 2　継続雇用制度（　有（７０歳まで）　） 3　自己都合退職の手続（退職する６０日以上前に届け出ること） 4　解雇の事由及び手続 　　〔　　　　　　　　　　　　　　　　　　　　　　　　　　　　　　　〕 ○詳細は、就業規則第３４条〜第３７条、第　条〜第　条
そ　の　他	・社会保険の加入状況（　厚生年金　健康保険　） ・雇用保険の適用（　有　） ・その他

※　以上のほかは、当社就業規則による。

労働者　住所

　　　　氏名　　　　　　　　　　　　　　　印

就 業 規 則

第1章　　　総　　則

第1条（目的）

　　この規則は、合同会社サニー・プレイス（以下、「会社」という）の秩序を維持し、業務の円滑な運営を期すため、社員の就業に関する労働条件および服務規律を定めたものである。

第2条（社員の定義）

1　社員とは、会社と雇用契約を締結した者のうち、臨時雇、パートタイマーおよび嘱託を除いた者であり、かつフルタイム月給制で雇用される者をいう。

2　社員とは、常に所定労働時間を就労できる者で、会社の目的遂行のために直接担当業務のみでなく、周辺業務を含めた職責を全うしうる立場の者をいう。

3　臨時雇、パートタイマーおよび嘱託については別途定める規則による。

第3条（規則遵守の義務）

　　会社はこの規則に基づく労働条件により社員に就業させる義務を負い、社員はこの規則を遵守する義務を負うとともに、相互に協力して当社の発展に努めなければならない。

第4条（秘密保持）

　　社員は会社の業務ならびに各社員の身上に関し、その職務上知り得た事項については、在職中はもちろん退職後といえども、みだりに公表してはならない。

第2章　　　採　　用

第5条（採用）

1　会社は就職を希望する者の中より、選考試験に合格し、所定の手続きを経た者を社員として採用する。

2　社員は採用の際、以下の書類を提出しなければならない。

　　①　履歴書（3カ月以内の写真添付）

　　②　健康診断書

③　源泉徴収票（暦年内に前職のある者のみ）

④　年金手帳、雇用保険被保険者証（所持者のみ）

⑥　秘密保持誓約書

⑦　必要により、免許証、資格証明書、学業成績証明書、卒業証明書

⑧　その他会社が必要と認めたもの

3　在職中に上記提出書類の記載事項で氏名、現住所、家族の状況等に異動
　があった場合は速やかに所定の様式により会社に届け出なければならない。

4　提出された書類は、人事労務管理の目的でのみ使用する。

第6条（試用期間）

1　新たに採用した者については採用の日から3カ月間以内の試用期間を設
　ける。ただし、特別の技能または経験を有する者には試用期間を設けない
　ことがある。

2　試用期間中または試用期間満了の際、引き続き社員として勤務させるこ
　とが不適当であると認められる者については、本採用は行わない。

3　試用期間は勤続年数に通算する。

第3章　　　異　　　　　動

第7条（異動）

　　業務の都合により必要がある場合は、社員に異動（配置転換、転勤、出
　向）を命じ、または担当業務以外の業務を行わせることがある。

第4章　　　就業時間、休憩時間、休日および休暇

第8条（労働時間および休憩時間）

1　所定労働時間は、1日8時間、週40時間とする。

2　始業、終業の時刻および休憩時間は原則として以下のとおりとし、具体
　的な始業、終業時刻については毎月定めるシフトにより別途通知する。

　　○早番

始　　業	午前7時	終　　業	午後4時
休憩時間	交代制により1時間		

　　○遅番

始　　業	午前9時	終　　業	午後6時
休憩時間	交代制により1時間		

3　業務の状況または季節により、就業時間および休憩時間を繰り上げまた繰り下げおよび変更することがある。

4　出張およびその他、事業場外で勤務する場合において、労働時間を算定することが困難であるときは、第2項で定める労働時間を勤務したものとみなす。

第9条（休日）

1　休日は以下のとおりとする。
① 日曜日
② 国民の祝日に関する法律に規定する休日
③ 12月29日から31日までならびに1月2日から3日まで

2　業務上必要がある場合には、前項で定める休日を他の労働日と振り替えることがある。

第10条（時間外、休日および深夜勤務）

1　業務の都合で所定就業労働時間外、深夜（午後10時から午前5時）および所定休日に勤務させることがある。ただし、これは労働基準法36条に基づく協定の範囲内とする。

2　満18歳未満の社員には法定時間外労働、法定休日労働および深夜労働はさせない。

第11条（割増賃金）

前条の規定により、法定を超えた時間外、深夜または法定休日に勤務をさせた場合は、賃金規程の定めるところにより割増賃金を支給する。

第12条（適用除外）

以下の各号のいずれかに該当するものについては、本章の定める労働時間、休憩および休日に関する規則と異なる取扱いをする。
① 管理監督の職務にある者
② みなし労働時間または裁量労働時間の適用を受ける者
③ 行政官庁の許可を受けた監視または断続的勤務に従事する者

第13条（出張）

業務の都合により必要がある場合は、出張を命ずることがある。社員は正当な理由がなければ、これを拒むことはできない。

第14条（年次有給休暇）

1　下表の勤続年数に応じ、所定労働日の8割以上を出勤した社員に対して

下表に掲げる年次有給休暇を付与する。

勤続年数	6月	1年6月	2年6月	3年6月	4年6月	5年6月	6年6月以上
年次有給休暇日数	10日	11日	12日	14日	16日	18日	20日

2　年次有給休暇は、特別の理由がない限り少なくとも2週間前までに、所定の様式により会社に届けなければならない。ただし、業務の都合によりやむを得ない場合は、指定した日を変更することがある。

3　急病等で当日やむを得ず年次有給休暇を取る場合は、必ず始業時刻の15分前までに会社へ連絡をしなければならない。この場合、医師の診断書の提出を求めることがある。ただし、度重なる場合は、この年次有給休暇の取得を認めないことがある。

4　第1項の出勤率の算定にあたっては、年次有給休暇、産前産後の休業の期間、育児休業期間、介護休業期間および業務上の傷病による休業の期間は出勤したものとして取り扱う。

5　第2項の規定にかかわらず、社員の過半数を代表する者との書面協定により、各社員の有する年次有給休暇のうち5日を超える日数について、あらかじめ時季を指定して与えることがある。

6　年次有給休暇は次年度に限り繰り越すことができ、発生日から2年経過後に時効消滅する。

7　第1項に該当する社員で、年次有給休暇が10日以上与えられた社員は、年次有給休暇付与日から1年以内に5日以上取得するように努めなければならない。

　　また、次回付与日の3カ月前時点の取得日数が5日未満の時は、会社が不足している日数分の年次有給休暇を指定しなければならない。ただし、社員が自ら年次有給休暇を付与日から1年以内に5日以上取得していた場合は、会社からの年次有給休暇の指定は不要である。

第15条（母性健康管理のための休暇等）

1　妊娠中または出産後1年を経過しない女性社員から、所定労働時間内に母子保健法に基づく保健指導または健康診査を受けるために、通院休暇の請求があったときは、以下の範囲で休暇を与える。

　　①　産前の場合

　　　　妊娠23週まで　　　　　　……　4週に1日

　　　　妊娠24週から35週まで　　……　2週に1日

　　　　妊娠36週から出産まで　　　……　1週に1日

ただし、医師または助産婦（以下、「医師等」という）がこれと
　　　異なる指示をしたときには、その指示により必要な時間
　　② 産後（１年以内）の場合
　　　医師等の指示により必要な時間
2　妊娠中または出産後１年を経過しない女性社員から、保健指導または健
　康診査に基づき勤務時間等について医師等の指導を受けた旨申出があった
　場合、以下の措置を講ずることとする。
　　① 妊娠中の通勤緩和
　　　通勤時の混雑を避けるよう指導された場合は、原則として１時間の
　　　勤務時間の短縮または１時間以内の時差出勤
　　② 妊娠中の休憩の特例
　　　休憩時間について指導された場合は、適宜休憩時間の延長、休憩の
　　　回数の増加
　　③ 妊娠中、出産後の諸症状に対する措置
　　　妊娠中または出産後の諸症状の発生または発生のおそれがあるとし
　　　て指導された場合は、その指導事項を守ることができるようにするた
　　　め作業の軽減、勤務時間の短縮、休業等
3　前各項の休暇中の賃金および労務に服さなかった時間に相当する賃金は、
　無給とする。

第16条（子の看護休暇）

1　小学校就学の始期に達するまでの子がいる社員が申し出た場合、病気ま
　たは怪我をした子の看護のために、就業規則第14条に規定する年次有給
　休暇とは別に看護休暇を取得することができる。ただし、日々雇い入れら
　れる者は除く。
2　前項の定めにかかわらず、労使協定により適用除外とされた以下の各号
　に該当する者についてはこの限りではない。
　　① 勤続６カ月未満の社員
　　② 週の所定労働日数が２日以下の社員
3　看護休暇の日数は社員１人当たり、１年間で５日を限度とする。この場
　合の１年間とは４月１日から翌年の３月31日までの期間とする。
4　子の看護休暇中の賃金は無給とする。
5　看護休暇の取得を希望する者は、所定の申請用紙に必要事項を記載のう
　え、会社に届け出なければならない。

第17条（育児時間）

　　生後1年に達しない生児を育てる女性社員があらかじめ申し出た場合は、所定休憩時間のほか、1日について2回、それぞれ30分の育児時間を請求することができる。ただし、その時間に対する賃金は支給しない。

第18条（育児休業）

　　社員は、別途定める育児・介護休業規程により、原則その子が1歳に達するまでの間、育児休業を申し出ることができる。

第19条（介護休業）

1　社員は要介護状態にある家族を介護するために、介護休業を取得することができる。
2　介護休業の申出手続等に関する事項は別に定める育児・介護休業規程による。

第20条（公民権行使の時間）

　　社員が勤務時間中に選挙その他公民としての権利を行使するため、あらかじめ申し出た場合は、それに必要な時間を与える。ただし、その時間に対する賃金は支給しない。

第21条（特別休暇）

1　会社は社員からの申出があったときは、その事由により、次の休暇を与える。
　　① 本人が結婚したとき・・・結婚式（または入籍）の日の翌日から起算して3カ月以内の任意の5日間
　　② 妻が出産したとき・・・出産の日から3日間
　　③ 配偶者が死亡したとき・・亡くなった日から10日間
　　④ 父母または子が死亡したとき・・・亡くなった日から7日間
　　⑤ 兄弟姉妹、祖父母または配偶者の父母が死亡したとき・・亡くなった日から3日間
　　⑥ 孫、叔父叔母、配偶者の祖父母または配偶者の兄弟姉妹が死亡したとき・・・1日
2　特別休暇は、その日数を分割せず暦日によって連続して与えるものとする。なお、その日が本規則の休日にあたる場合は、当該休日は特別休暇日数に通算する。
3　特別休暇中の賃金は無給とする。

第22条（欠勤および遅刻、早退）

1　欠勤および遅刻、早退するときは、所定の様式により事前に会社に届けなければならない。ただし、やむを得ない事由により事前に届け出ることができないときは、電話等により連絡し、後日出勤した日に届け出なければならない。

2　病気欠勤4日以上に及ぶときは、医師の診断書等を提出させることがある。

第5章　　　服　　務

第23条（出退社）

社員は出社および退社については以下の事項を守らなければならない。

①　始業時刻以前に出社し、就業に適する服装を整える等、始業時刻より直ちに職務に取りかかれるように準備しておくこと。

②　出退社の際は本人自らタイムカードを打刻すること。

③　作業に必要でない危険物を所持しないこと。

④　退社時は備品、書類等を整理格納すること。

⑤　終業後の着替えおよび帰宅準備等については終業時刻以後に行うこと。

第24条（服務心得）

社員は服務にあたって、以下の事項を守らなければならない。

①　社員は会社の方針および自己の責務をよく認識し、その業務に参与する誇りを自覚し、会社および上長の指揮と計画の下に、全員よく協力、親和し、秩序よく業務の達成に努めなければならない。

②　社員は業務組織に定めた分担と会社の諸規則に従い、上長の指揮の下に、誠実、正確かつ迅速にその職務にあたらなければならない。

③　服装などの身だしなみについては、常に清潔に保つことを基本とし、他人に不快感や違和感を与えるようなものとしてはならない。

④　常に健康を維持できるよう、自己管理に気を配らなければならない。

⑤　社員が以下の行為をしようとするときは、あらかじめ上長の承認を得なければならない。

　1．物品の購入をするとき。

　2．会社の重要書類またはこれに類する物品等を社外に持ち出すとき。

⑥　社員は下記の行為をしてはならない。

　1．会社の命令および規則に違反し、また上長に反抗し、その業務上の指示および計画を無視すること。

2．職務の怠慢および職場の風紀、秩序を乱すこと。

3．保護者または取引先より金品の贈与を受けること、またそれを要求すること。

⑦　社員は会社の業務の方針および制度、その他会社の機密を外部の人に話し、書類を見せ、また雑談中当該内容を察知されないよう、注意しなければならない。

⑧　社員は会社の名誉を傷つけ、または会社に不利益を与えるような言動および行為は一切慎まなければならない。

⑨　業務上の失敗、ミス、クレームは隠さず、ありのままに上司に報告しなければならない。

⑩　社員は職務上の地位を利用し私的取引をなし、金品の借入または手数料、リベートその他金品の収受もしくはゴルフの接待など私的利益を得てはならない。

⑪　社員は会社に許可なく他の会社に籍をおいたり、自ら事業を営んではならない。

⑫　社員は以下に該当する事項が生じたときは、速やかに会社へ届け出なければならない。

1．社員が自己の行為により、会社の施設、器物、資材、商品等を損傷し、もしくは他人に損害を与えたとき。

2．会社または園児もしくは保護者に損害を及ぼし、またはそのおそれがあるのを知ったとき。

3．会社または社員に災害の発生、またはそのおそれがあるのを知ったとき。

4．会社の安全操業に支障をきたし、またはそのおそれがあるとき。

⑬　社員は、性的な言動により他の社員に苦痛または不利益を与えたり、就業環境を害したりしてはならない。

⑭　インターネットにて業務に関係のないWEBサイトを閲覧してはならない。

⑮　会社のメールにて私的な内容のメールのやりとりをしてはならない。

⑯　業務中に私用の携帯電話を使用および充電してはならない。

⑰　会社の許可なく会社の備品を自宅に持ち帰ってはならない。

⑱　会社内で、明らかに一党一宗に偏った政治および宗教活動を行ってはならない。

第25条（その他勤務にかかる注意事項）

1　遅刻・早退および私用外出、その他就業時間中職場を離れる場合は、休憩時間を除き、あらかじめ会社に届け出てその許可を受けなければならない。ただし、やむを得ない場合には事後の届出を認める。

2　病気で欠勤する場合は当該欠勤予定日の前日まで、私用その他の理由で欠勤する場合は当該欠勤予定日の1週間前までに所定の様式にて、その理由と予定の日数を記入して会社に届け出、その許可を得なければならない。

3　来訪者との私用面会は原則として、休憩時間中に定められた場所で行わなければならない。

4　無断および無届欠勤に対する年次有給休暇の振替えは認めない。

第6章　　　教　　育

第26条（教育）

会社は社員の技能知識教養を向上させるために必要に応じて教育を行い、または社外の教育に参加させることがある。

第7章　　　表彰および制裁

第27条（表彰）

社員が以下の各号の一に該当したときは、その都度審査のうえ表彰する。

①　業務成績優良で、他の模範と認められるとき。

②　業務に関して、有益な発明考案をしたとき。

③　災害の防止または、非常の際、特に功労があったとき。

④　前各号に準ずる程度の業務上の功績が認められるとき。

第28条（表彰の方法）

表彰は、以下の各号の1つまたは2つ以上を併せて行う。

①　表彰状の授与

②　賞金または賞品の授与

③　昇給または昇格

④　特別休暇（有給）の付与

第29条（制裁）

会社は社員の就業を保障し、業務遂行上の秩序を保持するため、就業規則の禁止・制限事項に抵触する社員に対して、制裁を行う。

第30条（制裁の種類、程度）

制裁の種類は次のとおりとする。

① 訓　　戒──文書により将来を戒める。

② 減　　給──１回の額が平均賃金の１日分の半額、総額が一賃金支
払期における賃金総額の10分の１以内で減給する。

③ 出勤停止──７日以内の出勤停止を命じ、その期間の賃金は支払わな
い。

④ 諭旨退職──退職願を提出するよう勧告する。なお、勧告した日か
ら３日以内にその提出がないときは懲戒解雇とする。

⑤ 懲戒解雇──予告期間を設けることなく、即時に解雇する。この場
合、所轄労働基準監督署長の認定を受けたときは解雇
予告手当を支給しない。

第31条（訓戒、減給および出勤停止）

以下の各号の一に該当する場合は、減給または出勤停止にする。ただ
し、情状によっては訓戒にとどめることがある。

① 正当な理由なく欠勤、遅刻を重ねたとき。

② 過失により災害または、営業上の事故を発生させ、会社に重大な損
害を与えたとき。

③ タイムカードの不正打刻をしたもしくは依頼した場合。

④ 第５章の服務心得等に違反した場合であって、その事案が軽微なと
き。

⑤ その他前各号に準ずる程度の不都合な行為を行ったとき。

第32条（懲戒解雇）

以下の各号の一に該当する場合は懲戒解雇に処する。ただし情状によっ
ては、諭旨退職、減給または出勤停止にとどめることがある。

① 無断もしくは正当な理由なく欠勤が連続14日以上に及んだとき。

② 出勤常ならず、改善の見込みのないとき。

③ 刑事事件で有罪の判決を受けたとき。

④ 重要な経歴をいつわり、採用されたとき。

⑤ 故意または重大な過失により、災害または営業上の事故を発生さ
せ、会社に重大な損害を与えたとき。

⑥ 会社の許可を受けず、在籍のまま他の事業の経営に参加し、もしく
は労務に服し、または事業を営むとき。

⑦ 職務上の地位を利用し、第三者から報酬を受け、もしくはもてなし

を受ける等、自己の利益を図ったとき。

⑧　会社の許可なく業務上金品等の贈与を受けたとき。

⑨　前条で定める処分を再三にわたって受け、なお改善の見込みがない
とき。

⑩　第5章の服務心得に違反した場合であって、その事案が重大なとき。

⑪　暴行、脅迫その他不法行為をして著しく社員としての体面を汚した
とき。

⑫　正当な理由なく、しばしば業務上の指示・命令に従わなかったとき。

⑬　私生活上の非違行為や会社に対する誹謗中傷等によって会社の名誉
信用を傷つけ、業務に重大な悪影響を及ぼすような行為があったとき。

⑭　会社の業務上重要な秘密を外部に漏洩して会社に損害を与え、また
は業務の正常な運営を阻害したとき。

⑮　その他前各号に準ずる程度の不都合な行為のあったとき。

第33条（損害賠償）

社員が違反行為等により会社に損害を与えた場合、会社は損害を現状に
回復させるか、または回復に必要な費用の全部もしくは一部を賠償させる
ことがある。なお、当該損害賠償の責任は、退職後も免れることはできな
い。さらに、本人より賠償がなされないときは、身元保証人にその責任を
追求することがある。

第8章　　　解雇、退職および休職

第34条（解雇）

1　社員は以下の事由により解雇されることがある。

①　身体、精神の障害により、業務に耐えられないとき。

②　勤務成績が不良で、就業に適さないと認められたとき。

③　会社内において、会社の許可を受けず演説、文書の配布掲示、その
他これに類する行為をしたとき。

④　会社内において、明らかに一党一宗に偏した政治および宗教活動を
行ったとき。

⑤　事業の縮小等、やむを得ない業務の都合により必要のあるとき。

⑥　事業の運営上、やむを得ない事情、または天災事変その他これに準
ずるやむを得ない事情により、事業の継続が困難になったとき。

⑦　試用期間中または試用期間満了時までに社員として不適格であると
認められたとき。

　⑧　その他、第5章の服務心得等にしばしば違反し、改悛の情がないとき。

2　解雇するときには、30日前に予告する。予告しないときは平均賃金の30日分を支給して即時解雇する（平均賃金の30日分とは、過去3カ月の総支給額をその期間の暦日数で除したものを1日分としてその30日分をいう）。なお、予告日数は平均賃金を支払った日数だけ短縮することができる。

3　第1項で定める事由により解雇される際に、当該社員より証明書の請求があった場合は、解雇の理由を記載した解雇理由証明書を交付する。

第35条（解雇制限）

　社員が業務上の傷病により療養のために休業する期間およびその後30日間、ならびに女性社員が育児・介護休業法の規定により出産のため休業する期間およびその後30日間は解雇しない。

第36条（一般退職）

1　社員が以下の各号の一に該当する場合には、当該事由の発生した日をもって退職とする。
　①　死亡したとき。
　②　期間を定めて雇用した者の雇用期間が満了したとき。
　③　自己の都合により退職を申し出て会社の承認があったとき。
　④　休職期間満了までに休職理由が消滅しないとき。

2　社員が自己の都合により退職しようとするときは、少なくとも30日前までに会社に文書により退職の申出をしなければならない。

3　退職する者は、退職日までに業務の引継その他指示されたことを終了し、貸与または保管されている金品を返納しなければならない。

第37条（定年退職）

1　社員の定年は満65歳とし、定年年齢に達した日の直後の賃金締切日をもって退職とする。

2　前項による定年到達者が引き続き勤務を希望した場合は、希望者全員を定年退職日の翌日から満70歳まで再雇用する。

3　70歳以上の社員についても会社が必要と認める場合は、あらためて嘱託として再々雇用することがある。

第38条（休職）

　社員が以下の各号の一に該当するときには休職を命ずることがある。
　①　業務外の傷病による欠勤が連続1カ月以上にわたったとき。

② 家事の都合、その他やむを得ない事由により1カ月以上欠勤したとき。

③ 出向をしたとき。

④ 前各号のほか、特別の事情があって、会社が休職をさせることを必要と認めたとき。

第39条（休職期間）

1 休職期間は次のとおりとする。

前条①の場合　勤続3年未満　　3カ月

　　　　　　　勤続3年以上　　　6カ月

　　　　　　　　　ただし情状により期間を延長することがある。

前条②③④の場合　その必要な範囲で、会社の認める期間

2 休職期間中、賃金は支給しない。

3 休職中、一時出勤しても、1カ月以内に同じ理由で欠勤するようになったときは期間の中断は行わない。

4 休職期間満了後においても休職事由が消滅しないときは、満了の日をもって自然退職とする。

第40条（復職）

1 復職にあたっては会社が指定した医療機関で受診させ、その結果によって復職の是非を判断する。正当な理由なく、この受診を拒否する場合には、復職は認めない。

2 休職の事由が消滅したときは、原則として旧職務に復職させるが、業務の都合もしくは当該社員の職務提供状況に応じて異なる職務に配置することがある。この場合、労働条件の変更を伴うことがある。

3 復職しても1カ月以内に同一もしくは類似の理由で4労働日欠勤もしくはそれに準ずる状態になった場合は再度休職を命じ、前回の休職期間と通算する。

第41条（配置転換および出向）

1 業務上必要がある場合には、社員に就業の場所もしくは従事する職務の変更、または出向を命ずることがある。

2 社員は、正当な理由なく、これを拒むことはできない。

第9章　　賃　　金

第42条（給与および賞与）

　社員に対する給与および賞与に関する事項は、賃金規程に定める。

第10章　　災　害　補　償

第43条（災害補償）

　社員が業務上の事由または通勤により負傷し、疾病にかかり、または死亡した場合は、労働基準法および労働者災害補償保険法（昭和22年法律第50号）に定めるところにより災害補償を行う。

第11章　　安全および衛生

第44条（心得）

　社員は安全衛生に関する規定を守り、常に職場の整理整頓に努め、消防具、救急品の備付場所ならびにその使用方法を知得しておかなければならない。

第45条（火災の措置）

　火災その他の災害を発見し、またはその危険を予知したときは、直ちにこれを係員または適当な者に報告してその指揮に従って行動しなければならない。

第46条（健康診断）

1　社員には、入社の際および毎年1回以上の健康診断を行う。
2　社員は、正当な理由なく、健康診断受診を拒否してはならない。
3　健康診断の結果、特に必要のある場合は就業を一定の期間禁止し、または職場を配置替えすることがある。

第47条（職場のパワーハラスメントの禁止）

　職務上の地位や人間関係などの職場内の優越的な関係を背景とした、業務上必要かつ相当な範囲を超えた言動により、他の労働者の就業環境を害するようなことをしてはならない。

第48条（セクシュアルハラスメントの禁止）

　性的言動により、他の労働者に不利益や不快感を与えたり、就業環境を害するようなことをしてはならない。

第49条（妊娠・出産・育児休業・介護休業等に関するハラスメントの禁止）

　　妊娠・出産等に関する言動および妊娠・出産・育児・介護等に関する制度または措置の利用に関する言動により、他の労働者の就業環境を害するようなことをしてはならない。

第50条（その他あらゆるハラスメントの禁止）

　　第47条から前条までに規定するもののほか、国籍・性的指向・性自認に関する言動によるものなど職場におけるあらゆるハラスメントにより、他の労働者の就業環境を害するようなことをしてはならない。

　付　　　則

　この規則は令和〇年4月1日から施行する。

［○パートタイマー就業規則］

パートタイマー就業規則

第1章　　　総　　則

第1条（目的）

　この規則は合同会社サニー・プレイス（以下、「会社」という）のパートタイマーの服務規律、労働条件を定めたものである。

第2条（パートタイマーの定義）

　この規則でパートタイマーとは、所定の手続きを経て採用され、1日または1カ月の労働時間が社員より短い者をいう。

第2章　　　採　　用

第3条（採用）

1　パートタイマーは採用の際、以下の書類を提出しなければならない。
　① 履歴書
　② 源泉徴収票（暦年内に前職のある者のみ）
　③ 年金手帳、雇用保険被保険者証（雇用保険、社会保険加入者のみ）
　④ 機密保持誓約書
　⑤ 必要により、免許証、資格証明書、学業成績証明書、卒業証明書
　⑥ その他会社が必要と認めたもの
2　提出された書類は、人事労務管理の目的でのみ使用する。

第4条（雇用契約）

1　会社はパートタイマーを採用する場合、3年以内の期間を個別に定めてまたは期間の定めのない雇用契約を締結する。
2　さらに雇用契約を延長する必要がある場合は、個別に契約を更新する。

第3章　　　就業時間、休憩時間、休日および休暇

第5条（就業時間および休憩時間）

1　パートタイマーの所定労働時間は、1週40時間、1日8時間の範囲内で個別に雇用契約書において定める。
2　休憩については以下の基準に基づき個別に雇用契約書で定める。
　① 実働6時間を超える場合　　　　　45分
　② 実働8時間を超える場合　　　　　60分

3　休憩時間は会社が認めた場所で自由に利用することができる。ただし、休憩時間中であっても他に迷惑をかけるようなことをしてはならない。

第6条（休日）
1　休日は原則以下のとおりとし、その他の場合は個別に雇用契約書で定める。
　　①　日曜日
　　②　祝祭日
　　③　その他会社が指定した日
2　業務上必要がある場合には、前項で定める休日を他の労働日と振り替えることがある。

第7条（時間外、休日および深夜勤務）
1　業務の都合で時間外、深夜（午後10時から午前5時）および休日に勤務させることがある。ただし、労働基準法36条に基づく協定の範囲内とする。
2　満18歳未満の者には時間外労働、休日労働および深夜労働はさせない。

第8条（年次有給休暇）
1　所定労働日の8割以上を出勤した者に対して、勤続年数および所定労働日数に応じ、以下の表に掲げる年次有給休暇を付与する。
　　①　週所定労働日数が5日以上の者

勤続年数	6月	1年6月	2年6月	3年6月	4年6月	5年6月	6年6月以上
年次有給休暇日数	10日	11日	12日	14日	16日	18日	20日

　　②　週所定労働日数が4日以下もしくは1年間の所定労働日数が216日以下の者

週所定労働日数	1年間の所定労働日数	勤続年数						
		6月	1年6月	2年6月	3年6月	4年6月	5年6月	6年6月以上
4日	169日から216日	7日	8日	9日	10日	12日	13日	15日
3日	121日から168日	5日	6日	6日	8日	9日	10日	11日
2日	73日から120日	3日	4日	4日	5日	6日	6日	7日
1日	48日から72日	1日	2日	2日	2日	3日	3日	3日

2　年次有給休暇を利用しようとする者は、所定の手続きにより原則として会社に２週間前までに申し出なければならない。

3　業務の都合上やむを得ない場合は、指定された日を他の時季に変更することがある。

4　年次有給休暇は次年度に限り繰り越すことができ、発生日から２年経過後に時効消滅する。

5　第１項に該当するパートタイマーで、年次有給休暇が１０日以上与えられた社員は、年次有給休暇付与日から１年以内に５日以上取得するように努めなければならない。

　　また、次回付与日の３カ月前時点の取得日数が５日未満の時は、会社が不足している日数分の年次有給休暇を指定しなければならない。ただし、パートタイマーが自ら年次有給休暇を付与日から１年以内に５日以上取得していた場合は、会社からの年次有給休暇の指定は不要である。

第９条（特別休暇）

特別休暇は社員就業規則に準ずる。

第１０条（子の看護休暇）

子の看護休暇は社員就業規則に準ずる。

第４章　　　服務心得

第１１条（服務心得）

服務にあたっては、以下の各号の事項を守らなければならない。

①　会社の定める諸規定を守り、社内の規律秩序を維持すること。
②　上司の指示命令に従って誠実に職務を遂行すること。
③　互いに力を合わせて職務を遂行すること。
④　常に健康に留意し、明朗活発な態度で勤務すること。
⑤　常に品位を保ち、会社の体面を汚すような言行を慎むこと。
⑥　会社の施設と物品を大切に扱うこと。
⑦　就業時間中は、所定の制服を着用すること。
⑧　会社の機密事項を他に漏らさないこと。
⑨　会社の構内において、許可なく集会、演説、掲示、印刷物の配布その他これに類する行為をしないこと。
⑩　性的な言動により他の社員に苦痛や不利益を与えたり、就業環境を害したりしないこと。
⑪　会社の許可なく会社の備品を自宅に持ち帰らないこと。

⑫　その他、社員就業規則服務心得に準ずる。

第12条（服装・身だしなみ）

　服装・身だしなみは清潔さ、さわやかさ、働きやすさを基本とし、華美なものおよび異常極端にわたるものは避けなければならない。

第13条（離席・私用外出）

1　勤務時間中は、常に所在を明確にし、職場を離れるときは休憩時間を除き、上司または同僚に行き先、用件、所用時間等を連絡しなければならない。

2　休憩時間を除き、勤務時間中の私用外出は原則として認めない。やむを得ず私用外出するときは、行き先、用件、所用時間等の必要事項を申し出、上司の許可を得なければならない。

第14条（遅刻、早退、休暇、欠勤の手続き）

1　遅刻・早退をする場合は、あらかじめ会社に届け出てその許可を受けなければならない。ただし、やむを得ない場合には事後の届出を認める。

2　病気で欠勤する場合は当該欠勤予定日の前日まで、私用その他の理由で欠勤する場合は当該欠勤予定日の1週間前までに所定の様式にて、その理由と予定の日数を記入して会社に届け出、その許可を得なければならない。

第5章　　　　解雇・雇止めおよび退職

第15条（解雇）

　パートタイマーが、以下の各号の一に該当するときは解雇する。

①　精神もしくは身体に障害を生じ、または虚弱、疾病のため業務に耐えられないとき。

②　出勤常ならず改善の見込みのないとき。

③　業務上の指示命令に従わないとき。

④　会社の許可を得ないで、他の会社に雇用され、あるいは、自己営業を行い、会社が不都合と認めたとき。

⑤　会社の経営上の理由にて継続雇用の必要を認めなくなったとき。

⑥　その他各号に準ずる理由があったとき。

第16条（解雇予告、予告手当）

1　会社は前条による場合、30日前に予告するか、または30日分の平均賃金（解雇予約手当）を支払って解雇することができる。

2　予告の日数は、1日について平均賃金を支払った場合はその日数を短縮する。

第17条（雇止め）

1　労働契約に期間の定めがあり、労働条件通知書にその契約を更新する場合がある旨をあらかじめ明示していたパートタイマーの労働契約を更新しない場合には、少なくとも契約が満了する日の30日前までに予告する。

2　前項の場合において、当該パートタイマーが、雇止めの予告後に雇止めの理由について証明書を請求した場合には、遅滞なくこれを交付する。雇止めの後においても同様とする。

第18条（定年）

1　定年は満65歳とし、定年に達した日以降に訪れる初めての雇用契約満了日をもって退職とする。

2　前項による定年到達者が引き続き勤務を希望した場合は、希望者全員を定年退職日の翌日から満70歳まで再雇用する。

3　70歳以上の社員についても会社が必要と認める場合は、あらためて嘱託として再々雇用することがある。

第19条（退職）

パートタイマーが以下の各号の一に該当するときは、退職とする。

① 死亡したとき。
② 契約期間が満了したとき。
③ 退職申出が承認されたとき。
④ 定年に達したとき。
⑤ 第15条の規定により解雇されたとき。

第20条（退職手続）

パートタイマーが自己の都合により退職しようとするときは、少なくとも30日前までに会社に文書により退職の申出をしなければならない。

第21条（配置転換）

会社は、業務上の必要があるときは、職場もしくは職種を変更することがある。

第6章　　賃　　金

第22条（賃金構成）

1　賃金の構成は、基本給、時間外勤務手当、通勤手当、専門手当とする。

2　基本給は時間給もしくは日給によって定める。なお、その金額は、本人の職務、能力および経験等を勘案して個別の雇用契約書において定める。

第23条（時間外勤務手当）

　1日において実働8時間を超える1時間につき、時間給の25％増の時間外勤務手当を支給する。

第24条（通勤手当）

　通勤するために、交通機関を利用した場合には通勤手当として、実費を支給する。ただし、上限は月額1万円とする。

第25条（専門手当）

　専門手当は、パートタイマーのうち下記の幼児教育リーダーの要件を満たし、かつ幼児教育リーダーとして会社が職務に任命した者につき、処遇改善等加算Ⅱを原資とし月額5,000円を上乗せする。ただし、処遇改善加算等制度の改廃により加算の支給改廃がある。

ア　保育業務における実務経験年数がおおむね3年以上であること。

イ　幼児教育研修を修了していること。

第26条（賃金の締切日および支払日）

　賃金は当月1日から当月末日までの期間について計算し、翌月25日（その日が休日のときはその前日）に支払う。

第27条（賃金の控除）

　賃金の支払いに際して、給与所得税、社会保険料など、法令に定められた金額を控除する。

第28条（基準外賃金）

　パートタイマーが、法定休日に就業した場合には休日出勤手当、深夜に就業した場合には深夜手当を支給する。

第7章　　賞与および退職金

第29条（賞与）

　パートタイマーに対しては、業況に応じ賞与を支給する。

第30条（退職金）

　パートタイマーに対しては、貢献度に応じ退職金を支給することがある。

第8章　　安全および衛生

第31条（安全衛生）

　パートタイマーは就業にあたり、安全および衛生に関する諸規則および作業心得を守るとともに、安全保持、災害防止および衛生に関し、必要な事項を守らなければならない。

第9章　　災害補償

第32条（災害補償）

　パートタイマーが業務上の事由または通勤により負傷し、疾病にかかり、または死亡した場合は、労働基準法および労働者災害補償保険法（昭和22年法律第50号）に定めるところにより災害補償を行う。

第10章　　社会保険の加入

第33条（社会保険の加入）

　会社は、パートタイマーについて、労働保険、社会保険など、常態として法令に定められた基準に達したときは加入の手続きをとる。

付　　則

　この規則は令和○年4月1日から施行する。

賃 金 規 程

第1章　総　　則

第1条（適用範囲）

　　この規程は、合同会社サニー・プレイス就業規則第42条に基づき、社員の賃金および賞与について定めたものである。ただし、パートタイマーについてはパートタイマー就業規則の定めるところによる。

第2条（賃金の構成）

　　賃金の構成は以下のとおりとする。

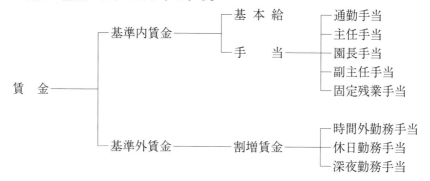

第3条（賃金計算期間および支払日）

1　賃金は、当月1日から起算し、当月末日を締切りとした期間（以下、「賃金計算期間」という）について計算し、翌月25日に支払う。ただし、当該支払日が休日の場合はその前日に支払うものとする。

2　前項の規定にかかわらず、以下の各号の一に該当するときは社員（第1号については、その遺族）の請求により、賃金支払日の前であっても既往の労働に対する賃金を支払う。

　　①　社員が死亡したとき

　　②　社員が退職し、または解雇されたとき

　　③　社員またはその収入によって生計を維持している者が結婚し、出産し、疾病にかかり、災害を被り、または社員の収入によって生計を維持している者が死亡したため臨時に費用を必要とするとき

　　④　社員またはその収入によって生計を維持している者が、やむを得ない事由によって1週間以上帰郷するとき

⑤　前各号のほか、やむを得ない事情があると会社が認めたとき

第4条（賃金の支払方法）

1　賃金は通貨で直接社員にその全額を支払う。

2　前項の規定にかかわらず、社員の同意を得た場合は、本人が指定する金融機関の口座への振込みにより賃金を支給する。また、以下の各号に掲げるものについては賃金を支払うときに控除する。

①　源泉所得税

②　雇用保険料

③　健康保険料（介護保険料を含む）

④　厚生年金保険料

⑤　会社の貸付金の当月返済分（本人の申出による）

⑥　その他必要と認められるもので社員代表と協定したもの

第5条（遅刻、早退または欠勤の賃金控除）

遅刻、早退または欠勤により、所定労働時間の全部または一部を休業した場合は、以下の計算式によりその休業した時間に応じる賃金は支給しない。ただし、この規程または就業規則に別段の定めのある場合はこの限りでない。

①　賃金計算期間において、欠勤10日未満の場合
以下の賃金を給与より控除して支給する。

$$\frac{\text{基本給} + \text{通勤手当}}{\text{1カ月平均所定労働時間（1カ月平均所定労働日）}} \times \frac{\text{欠勤時間数}}{\text{（欠勤日数）}}$$

②　賃金計算期間において、欠勤10日以上の場合
以下の賃金を日割り支給する。

$$\frac{\text{基本給} + \text{通勤手当}}{\text{1カ月平均所定労働時間（1カ月平均所定労働日）}} \times \frac{\text{出勤時間数}}{\text{（出勤日数）}}$$

第6条（中途入社または中途退職の賃金計算）

賃金計算期間の中途に入社または退職した者に対する当該計算期間における賃金は、以下の計算式により日割り支給するものとする。

$$\frac{\text{基本給}}{\text{1カ月平均所定労働日数}} \times \text{出勤日数}$$

第7条（臨時休業中の賃金）

　会社の都合により社員を臨時に休業させる場合には、休業1日につき平均賃金の100分の60に相当する休業手当を支給する。

第2章　　基準内賃金

第8条（基本給）

1　基本給は月給制とし、社員の学歴、能力、経験、技能および職務内容などを総合的に勘案して各人ごとに決定し、当該基本給については処遇改善等加算Ⅰを原資として月額2,000円を上乗せする。ただし、処遇改善等加算制度の改廃により加算の支給改廃がある。

2　社員のうち下記の幼児教育リーダーの要件を満たし、かつ幼児教育リーダーとして会社が職務に任命した社員につき、さらに処遇改善等加算Ⅱを原資として前項の基本給に月額5,000円を上乗せする。ただし、処遇改善等加算制度の改廃により加算の支給改廃がある。

　ア　保育業務における実務経験年数3年以上であること

　イ　幼児教育研修を修了していること

第9条（給与改定）

　会社は必要に応じ、基本給を対象に臨時の給与改定を行うことがある。

第10条（通勤手当）

　通勤手当は以下の区分により支給する。ただし、非課税限度額を超過する場合には、その超過分については課税通勤費として支給する。

①公共交通機関を利用する者　実費相当額（上限20,000円）

②自動車を利用する者　　　　自宅から事業所までの距離1kmにつき10円

第11条（主任手当）

　主任手当は、主任保育士の職務に就く社員につき、処遇改善等加算Ⅰを原資として月額45,000円を支給する。ただし、処遇改善等加算制度の改廃により加算の支給改廃がある。

第12条（園長手当）

　園長手当は、園長の職務に就く社員につき、月額50,000円を支給する。

第13条（副主任手当）

　副主任手当は、社員のうち下記の副主任保育士の要件を満たし、かつ副主任保育士として会社が職務に任命した社員につき、処遇改善等加算Ⅱを

原資として月額40,000円を支給する。ただし、処遇改善等加算制度の改廃により加算の支給改廃がある。

ア　保育業務における実務経験年数7年以上であること

イ　職務分野別リーダーを経験していること

ウ　食育アレルギー研修、乳児保育研修、幼児教育研修およびマネジメント研修を修了していること

第14条（固定残業手当）

　固定残業手当は、第15条に定める時間外勤務手当、深夜勤務手当および休日勤務手当のみなし残業代として、社員ごとに個別に労働条件通知書に定めたみなし時間数に相当する金額を毎月支給する。

第3章　　基準外賃金

第15条（時間外・休日・深夜勤務手当）

1　所定労働時間を超え、かつ、法定労働時間を超えて労働した場合には、時間外勤務手当を、法定の休日に労働した場合には休日勤務手当を、深夜（午後10時から午前5時までの間）に労働した場合には深夜勤務手当を、それぞれ以下の計算により支給する。

時間外勤務手当	$\dfrac{\text{算定基準賃金}}{\text{月平均所定労働時間}} \times 1.25 \times$ 時間外労働時間数
休日勤務手当	$\dfrac{\text{算定基準賃金}}{\text{月平均所定労働時間}} \times 1.35 \times$ 休日労働時間数
深夜勤務手当	$\dfrac{\text{算定基準賃金}}{\text{月平均所定労働時間}} \times 0.25 \times$ 深夜労働時間数

2　算定基準賃金とは基準内賃金から通勤手当を除いたものをいう。

3　所定労働時間を超え、かつ法定労働時間を超えて労働した時間、または休日に労働した時間が深夜に及ぶ場合は、時間外勤務手当または休日勤務手当と深夜勤務手当を合計した割増賃金を支給する。

第4章　　賞　　与

第16条（賞与）

　賞与は原則として年2回、毎年7月および12月に支給する。賞与額については基本給の1カ月分とし、処遇改善等加算Ⅰを原資として当該額に

6,000円を上乗せする。ただし、処遇改善等加算制度の改廃により加算の支給改廃がある。

付　　則

この規程は、令和〇年4月1日から施行する。

[○企業枠利用契約書]

にじの園　企業枠利用契約書

　合同会社　サニー・プレイス（以下、「甲」という）と＿＿＿＿＿＿＿
＿＿＿＿＿（以下「乙」という）とは、甲が運営する企業主導型保育所にじの園
（以下、「にじの園」という）を利用するにあたり、企業主導型保育所利用契
約（以下「本契約」という。）を締結する。

（目的）
第1条　平成29年度企業主導型保育事業費補助金実施要綱（平成29年4月
　　27日付け府子本第370号、雇児発0427第2号）に基づき、乙に勤務する
　　職員（以下、「保護者」という）が養育する乳幼児をにじの園に預かり、
　　当該乳幼児の健全な心身の発達を図るとともに、保護者の仕事と子育ての
　　両立を支援し、甲及び乙の事業の発展に資することを目的とする。

（保育の実施場所）
第2条　甲が保育を提供する場所は、甲が埼玉県川口市東領家2-30-21に設
　　置するにじの園とする。

（保育の運営）
第3条　甲は、児童福祉法及び企業主導型保育事業費補助金実施要綱をはじ
　　めとする各種法令及び基準等を遵守するとともに、企業主導型保育事業の
　　実施主体である公益財団法人児童育成協会ならびに国、都道府県および市
　　町村の指示に従い運営するものとする。

（保育園の利用）
第4条　企業枠に空きがある場合には、甲及び乙は協議のうえ受入枠を決定
　　し、甲は当該受入枠を乙に提供するものとする。
2　乙の従業員の受入枠は、当分の間1名とする。
3　甲は、保護者から甲の定める書類の提示を受け、別途、保護者と甲との
　　間で締結する「利用契約書」に沿って保育の提供を行うものとする。

（契約期間および解除）
第5条　契約期間は、乙に勤める職員が、甲の保育事業を利用する期間とし、
　　乙に勤める職員が保育事業の利用を終了したときに自動的に終了する。
2　前項の規定にかかわらず、乙は30日以上前に予告を行うことにより、

本契約を解除することができる。

（契約費用および利用料）
第6条　甲は、乙に対し、契約費用は徴収しないものとする。但し、保育を
　　利用する保護者に対しては、別途定めた利用料金を徴収する。

（秘密保持）
第7条　甲および乙は、本契約に基づき業務上知り得た情報について、相手
　　方の同意なく無断で第三者に提供もしくは漏洩してはならず、本契約以外
　　の目的に利用してはならない。

（損害賠償）
第8条　甲および乙は、本契約に関し、自らの責めに帰すべき事由により相
　　手方に損害を与えたときは、相当因果関係の範囲内の損害について賠償す
　　る責任を負うものとする。

（契約の解除）
第9条　甲または乙は、相手方に次の各号の一に該当する事由が生じた場合
　　は、何らかの勧告を要せずに直ちに本契約の全部または一部を解除するこ
　　とができる。
　（1）　重大な過失または背信行為があったとき
　（2）　自ら振り出しまたは引き受けた手形・小切手について不渡処分を受
　　　けたとき、仮差押え、差押え、競売、破産手続開始、民事再生手続開
　　　始、会社更生手続開始の申立てまたは特別清算開始の申立てがあった
　　　とき
　（3）　租税公課の滞納処分を受けたとき
　（4）　監督官庁より事業停止または事業免許もしくは事業登録の取消処分
　　　を受けたとき
　（5）　その他前各号に準ずる本契約を継続しがたい重大な事由が発生した
　　　とき
　2　甲または乙は、相手方に本契約上の義務の不履行があり、相当期間を定
　　めて勧告したにもかかわらず是正されない場合は、本契約の全部または一
　　部を解除することができる。

（反社会的勢力の排除）
第10条　甲および乙（それぞれの法人の場合は、その役員、執行役員等の
　　重要な使用人および主要株主を含む。以下同じ）が暴力団、暴力団員、暴

力団準構成員、暴力団関係者、総会屋、その他反社会勢力（以下「反社会的勢力」という）のいずれにも該当しないことを表明し、かつ、将来にわたっても該当しないことを確約する。また、甲および乙は、本契約に係る業務の遂行にあたって、反社会的勢力を利用せず、反社会的勢力への業務委託（再委託以降を含む）を行わないことを確約する。

2　甲および乙は、相手方が前項のいずれかに違反した場合には、相手方に対し勧告することなく直ちに本契約の全部または一部を解除することができるものとし、解除を行った当事者が被った損害につき、相手方に対し損害賠償を請求することを妨げない。

3　前項による解除により相手方に損害が生じた場合でも、解除を行った当事者は一切これを賠償する責任を負わないものとする。

（協議事項）
第11条　本契約に定めのない事項が生じたとき、または各契約条項の解釈に疑義が生じたときは甲乙誠意をもって協議の上解決するものとする。

（裁判管轄）
第12条　本契約に関し、訴訟の必要が生じたときは、さいたま地方裁判所を第一審の専属的合意管轄裁判所とすることに合意する。

　以上、本契約の成立を証するため、本書2通を作成し、各自記名押印の上、それぞれ1通を保有する。

　　令和　　　年　　　月　　　日

　（甲）　事業所名　　　　合同会社サニー・プレイス
　　　　　事業所所在地　　埼玉県川口市東領家2-34-3
　　　　　　　　　　　　　ディアコート川口1階
　　　　　代表者　　　　　代表社員　　高橋　悠　　　　　　印

　（乙）　事業所名
　　　　　事業所所在地
　　　　　代表者　　　　　　　　　　　　　　　　　　　　印

にじの園　重要事項説明書

　保育・教育の提供の開始にあたり、当園があなたに説明すべき内容は、次のとおりです。

1　事業者の運営主体

事 業 者 の 名 称	合同会社サニー・プレイス
事 業 者 の 所 在 地	埼玉県川口市東領家2－34－3　ディアコート川口 1F
事業者の電話番号・ＦＡＸ	TEL：048-446-7402 FAX：048-446-7403
代 表 者 氏 名	高橋　悠

2　施設の概要

種　　　　　別	**企業主導型保育所**					
名　　　　　称	にじの園					
所　　在　　地	埼玉県川口市東領家2－30－21					
電 話 番 号 ・ Ｆ Ａ Ｘ	TEL：048-○○○-○○○○ FAX：048-○○○-○○○○					
施 設 長 氏 名	○○　○○					
開 設 年 月 日	平成31年4月1日					
利 用 定 員 （ 年 齢 別 ）	0歳児	1歳児	2歳児	3歳児	4歳児	5歳児
	設定なし	2人	2人	5人	5人	5人
取 扱 う 保 育 事 業	**延長保育（短時間認定のみ）**					

3　施設・設備の概要　※別添可

敷地面積			316.41 ㎡
園　　舎	構　　　　造	木造　1階建て	
	延 床 面 積		132.49 ㎡
施設設備の 数 と 面 積	乳　児　室	1室	11.593 ㎡
	ほ ふ く 室	室	㎡
	保　育　室	1室	45.753 ㎡
	遊　戯　室	室	㎡
	調　理　室	1室	14.9 ㎡
	調　乳　室	室	㎡
	幼児用トイレ	2個	6.625 ㎡
	医　務　室	室	㎡
	事　務　室	1室	11.593 ㎡
屋 外 遊 戯 場 （ 園 庭 ）	屋外遊戯場　あり		

4　施設の目的、運営方針

目　　　　　的	保育の必要性がある乳児又は幼児に対し、適正な特定地域型保育を提供することを目的とする。
運　営　方　針	1　当園は、当園を利用する乳児又は幼児（以下「利用乳幼児」という。）の最善の利益を考慮し、その福祉を積極的に増進するものとする。 2　当園は、保育に関する専門性を有する職員が、利用乳幼児の家庭との緊密な連携のもとに、利用乳幼児の状況や発達過程を踏まえ、養護および教育を一体的に行うものとする。 3　当園は、利用乳幼児の家庭や地域の様々な社会資源との連携を図りながら、利用乳幼児の保護者に対する支援および地域の子育て家庭に対する支援等を行うよう努めるものとする。

5　職員体制

施　　設　　長	1人	（資格：　保育士　　　　）
保　　育　　士	3人	（常勤：　1人、非常勤　　2人）
調理員（栄養士除く）	1人	（常勤：　1人、非常勤　　0人）
看　　護　　師	人	（常勤：　　人、非常勤　　人）
栄　　養　　士	人	（常勤：　　人、非常勤　　人）
事　　務　　員	1人	（常勤：　　人、非常勤　　1人）
その他（保育従事者）	2人	（常勤：　　人、非常勤　　2人）

6　保育・教育を提供する日

開　　所　　日	月曜日から金曜日（祝日除く）
閉　　所　　日	土曜日、日曜日、祝日、12/29～1/3

7　保育・教育を提供する時間

（1）開所時間

月曜日から金曜日	午前７時３０分から午後６時３０分まで

（2）保育標準時間認定に関する保育時間（11時間）

月曜日から金曜日の保育時間（11時間）	午前７時３０分から午後６時３０分まで
延　長　保　育　時　間	なし

（3）保育短時間認定に関する保育時間（8時間）

月曜日から金曜日の保育時間（8時間）	午前８時３０分から午後４時３０分まで
延　長　保　育　時　間	朝：午前７時３０分から午前８時３０分まで 夕：午後４時３０分から午後６時３０分まで

8　利用料金

利用料（利用者負担）	1歳児　　　３７，０００円 2歳児　　　３７，０００円 3歳以上児　保育無償化に伴い無料
主 食 費 及 び 副 食 費	3歳以上児　主食費　１，０００円 副食費　２，０００円

※その他利用にかかる費用は入園のご案内参照

9　支払方法

口座振替による引き落とし（毎月２７日） ※２７日が土日祝日の場合は翌営業日

10　提供する保育・教育の内容

保育理念『こころが健康な子どもに育つ』

保育方針

・子どもの主体性を大切にします

・異年齢との関わりの中で、人との接し方を考える環境を提供します

・肌で自然に親しみ、五感を楽しめる環境を提供します

・たくさん身体を動かし、丈夫な身体を作る環境を提供します

・愛情が詰まった無添加・無農薬の手作り給食で、食への感謝や興味を育む環境

　を提供します

※モンテッソーリ教育に基づいた理念を導入しています

11　給食等について

	提供内容			
	午前おやつ	給食		午後おやつ
		主食	副食	
1歳児	×	○	○	○
2歳児	×	○	○	○
3歳児	×	○	○	○
4歳児	×	○	○	○
5歳児	×	○	○	○

※恒常的に１８時以降のお預かりがあるお子様には、夕方に副食を提供しています。
　（別途費用負担有り）

＜給食の提供にあたって＞

・自園調理

・献立の提供

＜アレルギー対応について＞

　当園は、埼玉県川口市が策定する「保育所における食物アレルギー対応マニュアル」

に則り、にじの園アレルギー対応マニュアルを策定し、それに基づき、適切な対応に

努めています。

> ・アレルギー対応
>
> ・除去食の提供

12　嘱託医

　以下の医療機関（小児科・内科）と嘱託医契約を締結しています。

医療機関の名称	○○○クリニック
医 院 長 名	○○　○○
所　在　地	埼玉県川口市東領家○－○－○
電 話 番 号	０４８－○○○－○○○○

　以下の医療機関（歯科）と嘱託医契約を締結しています。

医療機関の名称	○○歯科医院
医 院 長 名	○○　○○
所　在　地	埼玉県川口市東領家○－○－○
電 話 番 号	048-○○○-○○○○

13　ご利用にあたっての留意事項

　当園では、職員１名以上を<u>常時</u>加配する必要のあるお子様につきましては、利用

いただくのが難しい場合がございますので、ご了承ください。

14 緊急時における対応

保育・教育の提供中に、子どもの健康状態の急変、その他緊急事態が生じたときは、お子さまの保護者の方があらかじめ指定した緊急連絡先に連絡します。また、嘱託医または子どもの主治医に相談する等の措置を講じます。

保護者と連絡が取れない場合には、乳幼児の身体の安全を最優先させ、当保育所が責任を持って、しかるべき対処を行いますので、あらかじめ御了承願います。

＜近隣の緊急連絡先＞

| ○○警察署 | ０４８－○○○－○○○○ |
| ○○分署（消防署） | ０４８－○○○－○○○○ |

15 非常災害時の対策

非常災害に関する具体的な計画を立て、防火管理者を定めています。

非常災害時の関係機関への通報および連携体制を整備し、それらを定期的に職員に周知するとともに、毎月１回以上避難および消火、救出その他必要な訓練を実施しています。

防火管理者	○○　○○
消防計画届出年月日	川口市○○消防署　　平成２９年３月２２日
避難訓練	毎月１回
防災設備	消火器、火災報知器、排煙設備

16 苦情相談窓口

要望・苦情等に係る窓口を以下のとおり設置しています。

| 相談・苦情受付担当者 | 氏名　○○　○○ |
| | 電話番号　048-○○○-○○○○ |

相談・苦情解決責任者	氏名　高橋　悠
	電話番号　048-○○○-○○○○

　当園における保育の提供を開始するにあたり、本書面に基づき重要事項の説明を行いました。

　保育園名：にじの園

　所在地　：埼玉県川口市東領家2−30−21

　説明者職名：施設長　氏名　　○○　○○

　私（保護者）は、書面に基づいて、にじの園の利用にあたっての重要事項の説明を受け、同意致しました。

　令和　　　年　　　月　　　日

　　　園児氏名：

　　　保護者氏名：　　　　　　　　　　　　　　　　印

　　　児童から見た続柄：

児童票

児童票

施設名＿＿＿＿＿＿＿＿＿＿＿＿＿＿＿＿＿

入園日＿＿＿＿＿＿年＿＿＿月＿＿＿日

児童名＿＿＿＿＿＿＿＿＿＿＿＿＿＿＿＿＿

※太枠内をご家庭にてご記入ください。
※個人情報保護法にもとづいて、記入いただいた個人情報は適正に取り扱いいたします。
※児童票はお子様が退園後５年間保育園で保管いたします。

児童票

児童票

年　　月　　日 記入

ふりがな				
児童名				
愛称		性別	男　・　女	
生年月日	年　　月　　日生	血液型	型　RH（＋・－）	
保護者名	（続柄：　　）	健康保険	種類（社保・国保・共済・その他） 記号＿＿＿＿番号＿＿＿＿ 保険者名（　　　　　　）	
住所	〒			
電話番号		FAX		
第一緊急連絡先	氏名　　　　　　（続柄：　　）TEL			
第二緊急連絡先	氏名　　　　　　（続柄：　　）TEL			

家族の状況	父	フリガナ		勤務先名	
		氏名	（　年　月　日生　才）	勤務先住所	
				勤務先電話	
				携帯電話	
	母	フリガナ		勤務先名	
		氏名	（　年　月　日生　才）	勤務先住所	
				勤務先電話	
				携帯電話	

続柄	氏名（フリガナ）	生年月日（年齢）	健康状態	職業	勤務先
		年　月　日 （　　才）			
		年　月　日 （　　才）			
		年　月　日 （　　才）			
		年　月　日 （　　才）			

送迎	通常時送迎者	送り		迎え	
	代理送迎者	送り		迎え	
	通園方法	徒歩・バス・電車・車・その他（　）	通園所要時間	時間　　分	

かかりつけ医院	病院名	診療科目	電話番号

2

269

生育暦

<table>
<tr><td rowspan="5">出生暦</td><td rowspan="5">妊娠中の病気</td><td rowspan="5">有
・
無</td><td>切迫流産</td><td colspan="2">第　　週 ・　　　日間入院</td></tr>
<tr><td>妊娠中毒症</td><td colspan="2">蛋白尿 ・ 高血圧 ・ 浮腫</td></tr>
<tr><td>妊娠貧血</td><td colspan="2">第　　週(Hb　　g/dl)　　　内服薬 ・ 注射</td></tr>
<tr><td>妊娠悪阻</td><td colspan="2">強い ・ 普通 ・ 軽い</td></tr>
<tr><td>その他</td><td colspan="2">(　　　　　　　　　　　　　　　　　　)</td></tr>
<tr><td rowspan="4">分娩状況</td><td>在胎期間</td><td colspan="2">週(　　　ヵ月)</td></tr>
<tr><td>分娩所要時間</td><td colspan="2">時間　　分 ： 安産 ・ 難産</td></tr>
<tr><td>出血量</td><td colspan="2">少量 ・ 中量 ・ 多量(　　　ml)</td></tr>
<tr><td>異常の有無</td><td colspan="2">なし・早産(　　週)・遅産(　　週)・陣痛微弱・早期破水・
吸引分娩・鉗子分娩・帝王切開・骨盤位・その他(　　　　)</td></tr>
<tr><td rowspan="3">児の状態</td><td>生下時状態</td><td>正常 ・ 仮死</td><td>出産した院名</td></tr>
<tr><td>身長</td><td>cm</td><td>体重　　　　　　　　　g</td></tr>
<tr><td>頭囲</td><td>cm</td><td>胸囲　　　　　　　cm</td></tr>
<tr><td>乳児期の状況</td><td colspan="3">異常なし　・頭出血・哺乳力微弱・チアノーゼ・痙攣・高熱・股関節開排制限
啼泣力微弱 ・ 吐乳 ・ 黄疸(無し・普通・強)・光線療法(生後　　日より　　時間)</td></tr>
</table>

<table>
<tr><td rowspan="3">栄養方法</td><td>母乳(　)ヶ月まで</td><td colspan="2">授乳回数/量: (　　　)時間毎・(　　)cc・1日(　)回位</td></tr>
<tr><td>混合(　)ヶ月まで</td><td colspan="2">吐乳の有無 : (よくある ・ ときどきある ・ ない)</td></tr>
<tr><td>人工(　)ヶ月まで</td><td>離乳始め(　)ヶ月</td><td>断乳(　)ヶ月</td></tr>
</table>

<table>
<tr><td rowspan="3">発育状況</td><td>笑う (　)ヶ月</td><td>首がすわる(　)ヶ月</td><td>寝返り(　)
ヶ月</td><td>玩具を握る(　)ヶ月</td></tr>
<tr><td>人見知り(　)ヶ月</td><td>お座り (　)ヶ月</td><td>はいはい(　)
ヶ月</td><td>つかまり立ち(　)ヶ月</td></tr>
<tr><td>独り立ち(　)ヶ月</td><td>歩行 (　)ヶ月</td><td>始語 (　)
ヶ月</td><td>生歯 (　)ヶ月</td></tr>
</table>

<table>
<tr><td rowspan="15">発育暦</td><td rowspan="3">食事</td><td colspan="2">好きなもの(　　　　　　　　)</td><td>嫌いなもの(　　　　　　　　　　)</td></tr>
<tr><td colspan="2">量 (多い ・ 普通 ・ 少ない)</td><td>かかる時間 (　　　)分程度</td></tr>
<tr><td colspan="2">方法(手づかみ ・ 箸 ・ スプーン)</td><td></td></tr>
<tr><td rowspan="3">排泄</td><td colspan="2">大便(ひとりでできる ・ 手助けをすればできる ・ できない)</td><td>オムツ使用の場合</td></tr>
<tr><td colspan="2">小便(ひとりでできる ・ 手助けをすればできる ・ できない)</td><td>(紙おむつ・布オムツ)</td></tr>
<tr><td colspan="2">夜尿 (する ・ ときどきする ・ しない)</td><td>添寝 (する ・ しない)</td></tr>
<tr><td rowspan="2">睡眠</td><td>就寝(　)時</td><td>起床(　)時</td><td>昼寝(する〔　：　～　：　〕・ しない)</td></tr>
<tr><td colspan="2">寝つき(良い ・ 悪い)</td><td>目覚め(良い ・ 悪い)</td></tr>
<tr><td>着脱</td><td colspan="3">ひとりでできる ・ 手助けをすればできる ・ できない</td></tr>
<tr><td rowspan="4">清潔</td><td colspan="3">手洗い 　(ひとりでできる ・ 手助けをすればできる ・ できない)</td></tr>
<tr><td colspan="3">洗顔 　　(ひとりでできる ・ 手助けをすればできる ・ できない)</td></tr>
<tr><td colspan="3">歯みがき (ひとりでできる ・ 手助けをすればできる ・ できない)</td></tr>
<tr><td colspan="3">うがい 　(ひとりでできる ・ 手助けをすればできる ・ できない)</td></tr>
</table>

3

児童票

発育暦	言葉	明瞭　・　不明瞭　・　その他	
	遊び	友達と遊ぶ ・ 一人で遊ぶ ・ 大人と遊ぶ	好きな遊び（　　　　　）
	既往症	麻疹（　　歳）　風疹（　　歳）　水痘（　　歳）中耳炎（　　歳） 百日咳（　　歳）　肺炎（　　歳）　脱臼（　　歳） 流行性耳下腺炎（　歳）＿＿＿＿＿（　歳）＿＿＿＿＿（　歳）	
	病癖及び体質	ひきつけ ・ 鼻血 ・ 喘息 ・ 心臓疾患 ・ 便秘 ・ 下痢症 ・ ヘルニア ・ 風邪を引きやすい ・ 脱臼（部位：　　　　　） アレルギー疾患（　　　　　　　　　　　　　　　　） その他注意を要する事項	
	保育暦	家庭での保育 ・ ベビーシッター ・ 保育所 ・ その他（　　　　　）	
	その他	お子様のことで不安なことや、保育所に希望することがあれば記入してください。	

予防接種

<table>
<tr><td rowspan="10">定期予防接種</td><td rowspan="4">Hib
（インフルエンザ菌
B型）</td><td>（1）</td><td>年　　月　　日</td><td rowspan="4">肺炎球菌
（13価結合型）</td><td>（1）</td><td>年　　月　　日</td></tr>
<tr><td>（2）</td><td>年　　月　　日</td><td>（2）</td><td>年　　月　　日</td></tr>
<tr><td>（3）</td><td>年　　月　　日</td><td>（3）</td><td>年　　月　　日</td></tr>
<tr><td>（4）</td><td>年　　月　　日</td><td>（4）</td><td>年　　月　　日</td></tr>
<tr><td rowspan="3">B型肝炎</td><td>（1）</td><td>年　　月　　日</td><td rowspan="4">DPT-IPV　I期</td><td>（1）</td><td>年　　月　　日</td></tr>
<tr><td>（2）</td><td>年　　月　　日</td><td>（2）</td><td>年　　月　　日</td></tr>
<tr><td>（3）</td><td>年　　月　　日</td><td>（3）</td><td>年　　月　　日</td></tr>
<tr><td rowspan="1">BCG</td><td colspan="2" rowspan="2">陰性・陽性

　　年　　月　　日</td><td>（4）</td><td>年　　月　　日</td></tr>
<tr><td rowspan="2">麻疹・風疹
混合（MR）</td><td>（1）</td><td>年　　月　　日</td></tr>
<tr><td rowspan="1"></td><td>（2）</td><td>年　　月　　日</td></tr>
</table>

<table>
<tr><td rowspan="4">定期予防接種</td><td rowspan="4">日本脳炎</td><td>（1）</td><td>年　　月　　日</td><td rowspan="2">水痘</td><td>（1）</td><td>年　　月　　日</td></tr>
<tr><td>（2）</td><td>年　　月　　日</td><td>（2）</td><td>年　　月　　日</td></tr>
<tr><td>（3）</td><td>年　　月　　日</td><td colspan="3" rowspan="2"></td></tr>
<tr><td>（4）</td><td>年　　月　　日</td></tr>
</table>

<table>
<tr><td rowspan="6">その他必要に応じて</td><td>注射名</td><td>接種日</td><td>注射名</td><td>接種日</td></tr>
<tr><td></td><td>年　　月　　日</td><td></td><td>年　　月　　日</td></tr>
<tr><td></td><td>年　　月　　日</td><td></td><td>年　　月　　日</td></tr>
<tr><td></td><td>年　　月　　日</td><td></td><td>年　　月　　日</td></tr>
<tr><td></td><td>年　　月　　日</td><td></td><td>年　　月　　日</td></tr>
<tr><td></td><td>年　　月　　日</td><td></td><td>年　　月　　日</td></tr>
</table>

児童票

身体測定記録						
入園時	身長	cm	体重	kg	胸囲	cm

	0歳児		1歳児		2歳児	
	身長	体重	身長	体重	身長	体重
4月	cm	kg	cm	kg	cm	kg
5月	cm	kg	cm	kg	cm	kg
6月	cm	kg	cm	kg	cm	kg
7月	cm	kg	cm	kg	cm	kg
8月	cm	kg	cm	kg	cm	kg
9月	cm	kg	cm	kg	cm	kg
10月	cm	kg	cm	kg	cm	kg
11月	cm	kg	cm	kg	cm	kg
12月	cm	kg	cm	kg	cm	kg
1月	cm	kg	cm	kg	cm	kg
2月	cm	kg	cm	kg	cm	kg
3月	cm	kg	cm	kg	cm	kg

	3歳児		4歳児		5歳児	
	身長	体重	身長	体重	身長	体重
4月	cm	kg	cm	kg	cm	kg
5月	cm	kg	cm	kg	cm	kg
6月	cm	kg	cm	kg	cm	kg
7月	cm	kg	cm	kg	cm	kg
8月	cm	kg	cm	kg	cm	kg
9月	cm	kg	cm	kg	cm	kg
10月	cm	kg	cm	kg	cm	kg
11月	cm	kg	cm	kg	cm	kg
12月	cm	kg	cm	kg	cm	kg
1月	cm	kg	cm	kg	cm	kg
2月	cm	kg	cm	kg	cm	kg
3月	cm	kg	cm	kg	cm	kg

6

[○3歳児年間指導計画（例）]

3歳児年間指導計画

年間目標
* 生活の流れにおおよその見通しを持ち、身の回りのことを自分でしようとする気持ちを育てる。
* いろいろなものに興味・関心を持ち、友だちと触れ合いながら楽しく遊ぶ。
* 自分の思ったことや感じたことをさまざまな方法で表現する。
* 遊びや体験をとおして、いろいろなことに関心を持つ。

	1期 [4月・5月]	2期 [6月～8月]	3期 [9月～12月]	4期 [1月～3月]
ねらい	● 新しい環境に親しみ、好きな遊びを見つけ安心して過ごせるようにする。 ● 保育者や友だちと触れ合いながら、いろいろな活動を楽しむ。	● 夏の生活の仕方を知り、健康に過ごせるようにする。 ● 友だちと遊びを楽しむ。	● 身の回りのことを自分でしようとする。 ● 自分の考えや気持ちを保育者や友だちに伝えられるようにする。 ● 保育者や友だちとの活動を楽しみ、友だちと協力し合う大切さを知る。	● 自分でできることは、自信を持って取り組めるようにする。 ● 友だち同士の関係を深める。 ● いろいろな事に期待を持ち、意欲的に生活しようとする。
内容	● 新しい保育者や友だちと仲良く過ごせるようにする。 ● 保育者に手伝ってもらいながら着替えや排泄の仕方を知り、一緒にしようとする。 ● 友だちと誘い合い、仲良くすることの心地よさを感じる。 ● 玩具の使い方を知り、自分の好きな遊びを見つける。 ● 自分の思いや考えを保育者に伝えようとする。 ● 保育者や友だちと一緒に歌ったり、手遊びをする。	● 梅雨や夏期に体調をくずさないように生活リズムを整え、健康に過ごせるようにする。 ● 体を動かした後は、午睡など十分に休息をとる。 ● 活動中や遊びのルールや約束を守ろうとする。 ● 正しい箸の持ち方や、食事の仕方を覚える。 ● 興味のある言葉を聞いたり、言ったりして楽しむ。 ● 音楽に親しみ歌ったり体を動かしたりして楽しむ。	● 生活の流れがわかり、自分で身の回りのことができるようになる。 ● 外で十分に活動して遊びを楽しむ。 ● 行事に向けての活動に参加し、友だちと協力し合う大切さを知る。 ● 落ち葉や木の実を見つけ集めて、遊びの中に取り入れる。 ● 自分の思ったことを経験したことを保育者や友だちに話そうとする。 ● 造形遊びをとおして、いろいろな素材に触れたり、道具の使い方を知る。	● 着脱、食事など、生活に必要な活動を見通しを持って行えるようにする。 ● 衣服の調節の仕方を覚える。 ● 友だちが困っている時に、なぐさめたり、保育者に伝えようとする。 ● 伝統行事に触れ、伝承遊びを経験したり、冬の自然現象に関心を持つ。 ● 友だちと関わる中で、我慢したり、譲り合ったり気持ちを伝え合ったりする。 ● ごっこ遊びをとおして登場人物になり、イメージを持って遊ぶ。
環境の構成と保育者の援助及び遊びの提供	● 新しい環境に不安を持っている子には、その気持ちを受け止めたり不安感を取り除けるように配慮する。 ● どこに何があるか、わかりやすいように絵やシール、写真で置き場所を示す工夫をする。 ● 落ち着いて遊べたり、休息できる場所をつくる。 ● 自分で着替えなどを行っているときには、見守るようにする。	● 1人ひとりの健康状態を把握し、無理のないように配慮する。 ● 正しい箸の持ち方をしていない子には、個々に持ち方を伝えていく。 ● 活動や休息のバランスを考え、風通しのよい、心地よく過ごせるように、落ち着いて過ごせるようにする。 ● その都度、過度の水分補給の中に一緒に入れるようにする。	● 遊びに使うものを自分で見つけて、使ったり片付けたりできるように、見えやすい場所に置いておく。 ● 相手の気持ちを代弁しながら、気持ちに気づけるように対応する。 ● 収穫物や遊びの中では秋ならではの虫との触れ合いなどをとおして、秋の自然に親しめるようにする。 ● 散歩に行く機会を多く持ち、木の実や葉を集め、遊びに取り入れるようにする。	● 霜柱や氷のできる場所を把握しておき、冬の自然に触れる機会をつくる。 ● 季節の伝統行事が感じられるように、室内の装飾などをする。 ● 友だちと同じ時間や場所を十分に持って楽しめるようにする。 ● 我慢したり、譲ったりできたときには十分にほめ、自信につなげるようにする。 ● 考えや思いを十分に受け止め、子どもの成長を喜び合う。
家庭との連携	● 子どもが健康で安心して過ごせるように、家庭との連携を密にとるようにする。	● 梅雨や夏期を健康に過ごせるように、保育者と体調を伝え合う。	● 1日の気温差が大きいので、調節できるように、衣類を十分に用意してもらう。	● 感染症の流行などを伝え、家庭でも手洗い、うがいなどをこまめに行うように伝える。

[○4歳児年間指導計画（例）]

4歳児 年間指導計画

年間目標
＊保健的で安全な環境の中で、1人ひとりの欲求を十分に満たし、集団生活が快適にできるようにする。
＊感動する体験を通して表現意欲を育てる。
＊全身を動かして、運動遊びを楽しみ丈夫な心やからだをつくる。
＊自分の思いを表現したり、相手の思いに気づいたりしながら友だちと一緒に遊ぶ。

	1期[4月・5月]	2期[6月～8月]	3期[9月～12月]	4期[1月～3月]
ねらい	● 新しい環境、保育者に慣れ、生活の仕方を知り安心して過ごす。 ● 保育者や友だちに親しみを持ちながら、安定した中で好きな遊びを楽しむ。	● 夏の生活の仕方を知り、健康に生活できるようにして快適に過ごす。 ● 友だちとの関わりを広げ、共通の目的を持って、集団で活動することを楽しむ。 ● 友だちと思いきり体を動かし、遊びを楽しむ。	● 季節の変化に応じて衛生に留意し、快適に過ごせるようにする。 ● さまざまな遊具を使い、友だちと集団遊びをおして体を動かすことを楽しむ。 ● 自然の美しさや不思議さに触れ親しむ。	● 生活に必要な基本的な習慣や態度が身につき、快適に過ごせるようにする。 ● 友だちと一緒に遊ぶ中で、意欲的に活動し、自分の力の発揮ができるようにする。 ● 進級することへの喜びを持つ。
内容	● 1人ひとりの気持ちを受け止め、共感しながら信頼関係を深める。 ● 生活の仕方がわかり、自分でできることは進んでしようとする。 ● 戸外で思いきり体を動かしたり、身近な遊具や用具で遊ぶ。 ● 友だちに触れ合い、一緒に遊ぶ楽しさを知る。 ● 保育者や友だちに親しみを持ち、言葉のやり取りを楽しむ。 ● 身近な素材や用具に親しみ、描いたり作ったりすることを楽しむ。	● 活動と休息のバランスに配慮し、夏を元気に過ごす。 ● 夏の生活の仕方を知り、できることは自分でしようとする。 ● 異年齢の友だちと関わり、親しんで遊びや遊びを楽しむ。 ● プールや砂、泥、水遊びと、夏ならではの遊びを友だちと一緒に十分楽しむ。 ● 経験したことや感じたことを話し、保育者や友だちと歌ったり、リズムに合わせて体を動かしたりすることを楽しむ。	● 気温の変化に応じて衣服の調節をして、健康で快適に過ごす。 ● いろいろな遊具を使って遊んだり、友だちと簡単なルールのある運動遊びをする。 ● 秋の感じに応じた言葉で、自分なりの言葉の発表や表現を持つ。 ● 身近な動植物、いろいろな素材を使って工夫して遊んだり、歌ったり、体を動かしたり、楽器を鳴らすことを楽しむ。	● 1人ひとりの成長を認め、自信を持って生活したり、活動したりできるようになる。 ● 手洗い、うがい、衣服の前後ろを意識し、生活に必要な習慣が身につく。 ● トラブルを起こしたことでも互いに話し合い、思いを受け入れ相手の気持ちに気づいていく。 ● 人の話を親しみを持って聞き、自分の感じたことを保育者や友だちに伝える。 ● 冬の事象に関心を持ち、感動したり疑問を持ったりする。 ● イメージを広げて描いたり、作ったりしてさまざまに表現して遊ぶ。
お保育者等の援わり・環境の構成など	● 1人ひとりの生活を見守り認めたりして、基本的な生活習慣を身につけやすいようにする。 ● 自分の持ちものの始末、整理しやすいように室内を整えたり、わかりやすいように各自のマークや名前を貼ってやる。 ● 子どもの話に耳を傾け、ゆったりとした雰囲気の中で一緒に会話を楽しむ。 ● 安心して遊べるように気持ちをくみとり、友だちとの中でも一緒に遊ぶようにしていく。	● 室内外の温度差に留意し、冷房と外気の調節を行う。 ● 夏の保育活動で不安に感じている子どもには、保育者が気持ちを受け止め、遊びの場に加わり、きっかけづくりをする。 ● プール、水、泥遊び用の遊具やおもちゃ、素材を十分に準備する。 ● 子どもの発想や工夫を大切にし、保育の計画に取り入れたり、友だちと見せ合う中で体を動かしたりして表現する楽しさを伝える。	● 思いきり体を動かす遊びや味わえるように、保育者も一緒に遊びの場に加わり、きっかけづくりをする。 ● 1人ひとりの思いを受け止め、会話を楽しめるようにする。 ● 天気のよい日は散歩に出かけ、木の実、木の葉など自然物に触れられるようにする。 ● トラブルが起きたときは、子ども同士で解決できるように援助したり、保育者が仲立ちとなり、お互いの気持ちが伝わるようにする。 ● その自然現象に、遊びを通じて興味を持ったり、友だちと見せ合ったり作ったりする喜びを味わえるようにする。	● 年上の子の当番活動について引き継ぎをすることで、進級する喜びを感じ、自信につながる。 ● 冬の生活の仕方を伝えながら、自分でできることを着実にふやせるようにする。 ● トラブルが起きたときは、子ども同士で解決できるように援助したり、保育者が仲立ちとなり、お互いの気持ちが伝わるようにする。 ● その自然現象に、遊びを通じて興味を持ったり、気持ちがいいタイミングを逃さないようにする。
家庭との連携	● 家庭での子どもの様子や親の思いを聞いたり、園での様子を具体的に知らせ、話し合い相談しやすい関係を築く。	● 夏の衛生や健康管理について、家庭と連携をはかる。 ● 夏ならではの体験を家庭で楽しんでもらえるように声かけする。	● 行事を通して、子どもたちがたくましく成長している姿を家庭とともに実感し、喜び合う。	● 進級に向けて子どもの成長を保護者とともに喜び合い、子どもの自信につなげる。 ● 安心して進級できるように、家庭と園での関わりを確認し合う。

5歳児年間指導計画

	年間目標	1期 [4月・5月]	2期 [6月～8月]	3期 [9月～12月]	4期 [1月～3月]
	＊自分でできることの範囲を広げながら、生活に必要な習慣や態度を身につける。 ＊保育者との信頼関係の中で情緒が安定し、自然や身近な事象に興味・関心を持ち、豊かな感性や知的な好奇心・探究心を高める生活ができるようにする。 ＊友だちとの関わりを十分に楽しみ、意欲的に遊び生活に取り組むとともに、主体的に行動し充実感を味わう。				
ねらい		●1人ひとりの欲求を満たし、安心して快適な生活ができるようにする。 ●年上の子どもとしての自覚を持ち、生活に必要な決まりを守りながら園生活を楽しむ。	●1人ひとりの健康状態に十分配慮し、休息や水分補給などを適切に行うようにする。 ●夏の遊びや生活をとおして経験を広げ、友だちとのつながりや、異年齢児との関わりを深める。	●友だちと共通の目的を持ち、工夫したり協力しながら、さまざまな活動に取り組む。 ●身近な自然や事象を見たり、触れたりする中で豊かな感性を育て、感じたことや考えたことを言葉などさまざまな方法で表現する。	●就学への期待や不安を受け止めながら、充実した生活が送れるようにする。 ●友だちといろいろな活動に楽しんで取り組みながら、自分の思ったことなどを豊かに表現する。
内容		●新しい環境のもとでの生活の仕方がわかり、自分らしさを出す。 ●身体に気づきながら、体を十分に動かして遊ぶ。 ●年上の子になったことを喜び、異年齢児にやさしく接し、親しみの気持ちを持つ。 ●身近な動植物に親しみ世話をしたりする。 ●保育者や友だちと話をよく聞き内容を理解する。 ●友だちと一緒に歌ったり身体表現を育むことを楽しむ。	●汗の始末や支度の調節、水分補給、休息をとる。 ●夏の生活の仕方を伝える。 ●プールや水遊びの決まりを守りながら思い切り楽しむ。 ●友だちや異年齢児に思いやりの気持ちを持ち接する。 ●自然や身近な事象に関心を持ち、生活や遊びに取り入れ、試したり調べたりする。 ●自分の言いたいことをわかるように話したり、友だちの話すことにも関心を持つ。 ●見たこと、考えたことを、いろいろな材料を使って、工夫して表現する。	●友だちと協力しながら活動し、やり遂げた喜びやさまざまな思いを共感する。 ●友だちと役割を分けたり、力を合わせたりして、遊びや生活をしていく。 ●季節の変化に気づき、収穫を喜んだり自然物を使って遊びを楽しむ。 ●体験したことや、感じたことを言葉で表現することを楽しむ。 ●友だちと一緒に、音楽・造形などで自由に表現したり、演じることを楽しむ。	●友だちの喜びや期待をふくらませ、意欲的に過ごす。 ●自分たちでルールを決めたり、遊び方を考えたりしながら、十分に体を動かして遊ぶ。 ●冬の身近な事象に興味を持ち、それを取り入れ遊んだり、動植物の様子から春の訪れを感じる。 ●友だちと共通のイメージを持って、動きや言葉で表現することを楽しむ。 ●表現したり、人前で表現することを楽しむ。
お保育者等の援助や環境構成・異年齢のかかわり		●1人ひとりと向き合いながら信頼関係を築いていく。 ●職員同士が話し合うことを継続をし、1人ひとりの子どもの様子を把握する。 ●遊具、用具は子どもの点検を整備を行い、安全に使えるようにする。 ●異年齢児と関わることで、年上の子どもとしての自覚ややさしい思いやりの気持ちを育めるようにする。	●子どもの健康状態を把握し、休息や水分補給、汗の始末などを適切に行い、夏を健康に過ごせるようにする。 ●水や砂に十分に触れられるような環境を整えるとともに、水の危険性についても知らせ安全に遊べるようにする。 ●子どもの気持ちや行き違いやトラブルは見守ったり援助したりして、子どもが自分の気持ちの切り替えができるようにする。 ●遊びがより発展するように、材料や用具の種類、提示の方法や場の構成などを工夫する。	●がんばる姿を認めたり励まし、活動への意欲を高めるとともに、自信が持てるようにする。 ●子どもと相談したり、協力したりできるよう、十分な時間を確保し、自分たちの生活を組み立てられるようにする。 ●日々の出来事について、1人ひとりの気持ちに寄り添いながら、会話を楽しむことを楽しむ。 ●身近な事象や動植物と十分に触れ合い合う直接的な体験ができるように環境を工夫する。 ●1人ひとりの子どもの創意工夫を認め、表現しようとする意欲を高められるようにする。	●就学への期待と喜びを共有しながら、子どもに負担を感じさせないよう行事に関わる。 ●友だちやクラス全体でたくさん遊べるように時間をつくる。 ●自然に触れ合える機会を大切にし、試したり発見したり、考えたりする機会を味わえるようにする。 ●1人ひとりの表現を認めながら、みんなで協力して表現する喜びや喜びが感じられるように援助していく。
家庭との連携		●子どもの様子を伝え合い、信頼関係を築く。 ●保育方針や年間行事を伝え、協力を求める。	●地域の行事へ参加したり、地域の方を園に招いたりする機会を多く持てるようにする。 ●世代間交流をとおして、さまざまな人との出会いの場、触れ合いの場をつくる。	●行事などの保育をとおして子どもの成長している姿を伝え、喜びを伝え、喜びをともにする。 ●小学校を訪問し、小学校との交流を図る。	●就学に必要な情報を提供し、安心して就学できるようにする。 ●1年間の成長を振り返り、ともに成長を喜び合う。

[○週日案]

週日案

令和　年度

1〜5歳児　　　　月　　日（月）　〜　　月　　日（金）

	責任者	担当

前週の子どもの姿	今週のねらい	予想される子どもの姿	保護者への支援	行事

	内容	配慮・環境	反省・評価
リーダー			
日（月）			
日（火）			
日（水）			
日（木）			園長印
日（金）			【雨天時の活動】

［○避難訓練年間計画表（例）］

避難訓練年間計画表　職員の動き　（○年度）

月	災害種別	訓練項目	訓練内容と保育士の動き
4 担当○○	地震 火災	避難 消火訓練	■全体 MTG にて、地震発生時の避難態勢や避難経路について確認 　全体 MTG にて、消火器の使用方法の確認をする（職員訓練実施） ■地震発生時、保育室の中央に集まる。人数確認（責任者）
5 担当○○	地震	避難 消火訓練	■朝の合同時間に地震発生、保育室の中央に集まる。 　部屋の中央に集まり、防災頭巾をかぶる。人数確認（責任者） 　裸足のまま玄関外に出て散歩車に乗る。人数確認（責任者）
6 担当○○	火災 （近隣）	避難 消火訓練	■近隣から火災発生の一報が入る。全職員に伝える。 　玄関から外に向かい裸足のまま、散歩車に乗る。人数確認（責任者） 　第2避難所【○○スポーツセンター】の避難場所の確認（避難場 　所に向かう）
7 担当○○	地震	避難 消火訓練	■散歩前に地震発生、各部屋の中央に集まる防災頭巾をかぶり玄関 　より外に向かい裸足のまま散歩車に乗る。人数確認（責任者） 　○○スポーツセンターに向かい避難する。人数確認。
8 担当○○	火災 （調理室）	避難 消火訓練	■調理室より出火。調理員が保育室に避難指示を出す。初期消火。 　ほふく室の避難口より外に出る。裸足のまま散歩車乗る。人数確認 　（責任者）○○スポーツセンターへ向かい人数確認。靴を履く練習。
9 担当○○	水害	避難 消火訓練	■避難勧告発令。各保育室の中央に集まる。人数確認（責任者） 　玄関より外に出て裸足のまま散歩車に乗る。 　東スポーツセンターへ向かい人数確認。靴を履く練習。
10 担当○○	地震	避難 消火訓練	■午睡中に地震発生。各部屋の中央に集まり、防災頭巾や必要であれ 　ば布団を被る。玄関により外に出て散歩車に裸足のまま乗り込む。 　人数確認（責任者）。東スポーツセンターに避難。人数確認（責任者）
11 担当○○	不審者	避難 消火訓練	■玄関より不審者が侵入しようとしている設定。第一発見者が保育室・ 　調理室・休憩室などに知らせる。玄関から一番遠いほふく室に集ま 　り避難。人数確認（責任者）。サスマタ携帯。ほふく室ロープ使用。 　※鍵（侵入前）・ロールカーテン・窓・カーテンを閉める。人数確認。
12 担当○○	火災 （時間 未設定）	避難 消火訓練	■マンション2階より火災発生。保育園に連絡が入る。 　玄関より外に出て散歩車に乗る。人数確認。（責任者） 　○○スポーツセンターに向かい、人数確認（責任者）
1 担当○○	地震 （時間 未設定）	避難 消火訓練	■地震発生。（できればトイレや保育室にいる時など） 　保育室の中央に集まり、人数確認。（責任者） 　玄関より外に出て散歩車に乗る。人数確認。
2 担当○○	火災	避難 消火訓練	■調理室より出火。調理員が保育室に避難指示を出す。初期消火。 　ほふく室の避難口より外に出る。裸足のまま散歩車乗る。人数確認 　（責任者）○○スポーツセンターへ向かい人数確認。靴を履く練習。
3 担当○○	地震 （時間 未設定）	避難 消火訓練	■散歩中公園で地震発生、遊びを中断し、安全な場所に集まり、人 　数確認。（責任者）※安全な場所を職員で確認。

[○避難訓練計画案・実施報告書]

避難訓練計画案・実施報告書

	園長	担当

訓練計画日時	令和　　　年　　　月　　　日　AM　PM　　　　：　　　～　　　：		
災害種別		訓練項目	
ねらい			

訓練計画内容

時間	活動	職員の動き
訓練変更点		
評価・反省		

職員人数（　　　名）　園児人数（　　　名）　　　　　　　　　　　訓練実施時間（　　　分）

[○安全管理チェック表（例）]

令和　年度　○○園　安全管理チェック表

◎安全管理のチェックは複数人で行ってください。

	施設内設備・環境上の点検項目	4	5	6	7	8	9	10	11	12	1	2	3
玄関	扉や戸はきちんと開閉するか												
	鍵はしっかりとかかるか												
	出入口付近に障害物や危険個所はないか												
	滑りやすいものや躓きやすいものを敷いていないか												
保育室・手洗い場・トイレ	保育室の整理整頓												
	棚の上に危険な物はないか												
	釘が出ていたり壁床が破損したりしていないか												
	角や死角の箇所は対処しているか												
	電気プラグの危険防止はしているか												
	棚など家具の転倒防止はしてるか												
	必要な箇所にストッパーはあるか												
	滑らないように工夫してあるか												
	児童の動線が取りやすい家具配置がしてあるか												
	危険なものは手が届かない工夫がしてあるか												
	破損箇所はないか												
安全管理	消火器の設置場所は適切か												
	非常口に異常はないか												
	非常時の周知方法に問題はないか												
	笛は全職員が携行しているか												
	AED に異常はないか												
非常時の持ち出し	引き取りカード												
	保護者の連絡先												
	避難袋（非常用救急箱など）												
	おんぶひも												
	避難車（散歩車）												
	避難靴（園児・職員全員分）												
	防災頭巾・ヘルメット												
	修了児名簿												
チェック担当者サイン（2名）													

おわりに
〜これからの企業主導型保育所の 方向性のヒント

　前述のとおり、企業主導型保育事業は現在、制度そのものの抜本的な見直しを迫られており、大きな転換期の中にあります。

　本書の最後に、これからの企業主導型保育所のあり方に対する筆者なりの見解を述べ、結びとします。

1 独自の理念、保育方針や施策がなければ生き残れない

　企業主導型保育所は現在、制度の見直しや世論の影響で逆風の中にあるといっても過言ではありません。

　また、認可保育所との相違点として「保育料が所得にかかわらず一律」というのがあり、一定以上の所得者にとっては認可保育所よりも企業主導型保育所のほうが経済的な負担が少ないというメリットもありました。しかし、保育無償化が開始された現在において、保育を必要とする保護者は（3歳以上に限っていえば）「幼稚園」「認可保育所」「認可外保育所（一部助成）」という多様な選択肢から施設を選ぶことができるようになったため、あえて企業主導型保育所を選ぶ必要性がなくなってしまいました。

　そのようななかで企業主導型保育所が生き残っていくためには、幼稚園や認可保育所では実践するのが難しい「独自性」を追求していくしかないと考えています。

　第5章でご紹介した「にじの園」において、0〜2歳児の受入枠が多い傾向にある企業主導型保育所で、あえて3〜5歳児の割合を多く

し、さらに定員を通常の認可保育所の半分にも満たない 19 名とした
のは、「少人数の個別保育」という、子ども 1 人ひとりにじっくり向
き合える環境という点に特化したかったからです。そのため、受入枠
こそ少ないものの、自分の子どもを丁寧に見てほしいという保護者の
方々から高い支持を得ています。

　少子化によって今後、子どもの絶対数が少なくなれば、幼稚園・保
育所間における園児の獲得競争が激化することは必至です。保育無償
化も手伝い、保育需要が高い今だからこそ、他園との差別化を積極的
に図っていく必要があるのではないかと考えます。

2　現場の声、職員の声をよく聴く　

　「経営のヒントは現場にある」という言葉がありますが、企業主導
型保育所の経営においても同様のことがいえます。保護者や子ども、
そして地域のニーズを日ごろから聞き、理解しているのはほかでもな
い、現場で働いている職員です。しかし、（当たり前ですが）職員は
普段は子ども達への保育、あるいは調理、あるいは事務作業に追われ
ており、それを普段の会話等で引き出すことは容易ではありません。
よって、経営者側が意図的に現場の意見を（長時間）聴くための場を
設けることが非常に重要です。

　また、職員も人間ですので、自分が「ぞんざいに扱われている」
「必要だと思われていない」と感じればモチベーションは下がり、保
育所への忠誠心も下がります。よって、職員をきちんと「個人」とし
て尊重し、相応の待遇と配慮を行うことも非常に重要です。

　昨今における保育士の離職率の増加や人材不足の要因として「賃金
不足」が大きく取り上げられていますが、筆者はそれだけが主たる要
因ではないと考えます。

　他の保育所で勤務していた職員の話を聞くと、「持ち帰り残業が当
たり前」「忙しくてトイレにもいけない」「休憩時間なんかない」と、

社会保険労務士としてはにわかに信じがたい処遇の保育所の話もしばしば耳にしますが、それが「保育所での勤務とはそういうものだ」と、慣例としてまかり通ってしまっている部分も残念ながら存在します。しかし、こうした慣例を見直し、保育所を魅力ある職場としなければ、いつまでたっても保育人材の増加は見込めないと考えます。

　他の福祉業界でも同様のことがいえますが、企業主導型保育所においては収入（助成費）が限られており、賃金面においてはなかなか待遇の向上が難しいのは事実です。ですが、「魅力ある職場」とは賃金だけではなく、職員への待遇、福利厚生、人間関係、働きやすさといった「職場環境」にも大きく左右されます。こうした賃金以外の面における待遇の向上こそ、既存の保育施設とは一線を画する形態を有する企業主導型保育所が今後取り組んでいくべき課題ではないかと考えています。

●著者略歴

高橋　悠（たかはし　ゆたか）

社会保険労務士・行政書士。
行政書士事務所にて約8年間、介護・障害福祉サービス事業所の立ち上げ・運営支援に携わった後、2016年10月に「ゆう社会保険労務士事務所」を開業し、その後2018年9月に「ウェルフェア社会保険労務士法人」として法人化。顧問先のうち7割以上は介護・障害福祉サービス事業所であり、業界に特化した労務およびコンプライアンスの支援サービスを行っている。
著書に『改訂版 就労移行支援・就労継続支援（A型・B型）事業所運営・管理ハンドブック』『障害福祉サービス事業所の処遇改善加算・特定処遇改善加算実務ハンドブック』（いずれも日本法令）がある。

企業主導型保育所の
経営・労務管理ハンドブック　　令和3年10月1日　初版発行

検印省略

 日本法令®

〒101-0032
東京都千代田区岩本町1丁目2番19号
https://www.horei.co.jp/

著　者	高　橋	悠
発行者	青　木　健	次
編集者	岩　倉　春	光
印刷所	神　谷　印	刷
製本所	国　宝	社

（営　業）　TEL　03-6858-6967　　Eメール　syuppan@horei.co.jp
（通　販）　TEL　03-6858-6966　　Eメール　book.order@horei.co.jp
（編　集）　FAX　03-6858-6957　　Eメール　tankoubon@horei.co.jp

（バーチャルショップ）　https://www.horei.co.jp/iec/
（お詫びと訂正）　https://www.horei.co.jp/book/owabi.shtml
（書籍の追加情報）　https://www.horei.co.jp/book/osirasebook.shtml

※万一、本書の内容に誤記等が判明した場合には、上記「お詫びと訂正」に最新情報を掲載しております。ホームページに掲載されていない内容につきましては、FAXまたはEメールで編集までお問合せください。